房地产项目成本管理控制

王东叶 著

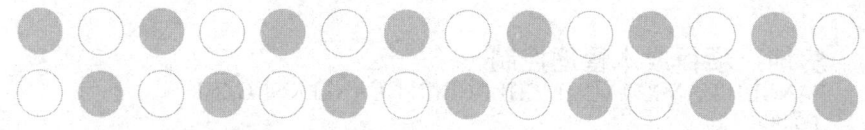

中国商务出版社
CHINA COMMERCE AND TRADE PRESS

图书在版编目（CIP）数据

房地产项目成本管理控制/王东叶著. -- 北京：
中国商务出版社，2018.11
　　ISBN 978-7-5103-2661-5

Ⅰ.①房… Ⅱ.①王… Ⅲ.①房地产管理—项目管理
—成本管理—研究—中国 Ⅳ.① F299.233.3

中国版本图书馆 CIP 数据核字 (2018) 第 247321 号

房地产项目成本管理控制
FANGDICHAN XIANGMU CHENGBEN GUANLI KONGZHI
王东叶　著

出　　　版：	中国商务出版社
地　　　址：	北京市东城区安定门外大街东后巷28号　邮编：100710
责 任 部 门：	财经事业部（010-64515163）
责 任 编 辑：	汪沁
总　发　行：	中国商务出版社发行部（010-64266193　64515150）
网　　　址：	http://www.cctpress.com
邮　　　箱：	cctp@cctpress.com
排　　　版：	邱伟明
印　　　刷：	廊坊市海涛印刷有限公司
开　　　本：	880毫米×1230毫米　1/32
印　　　张：	5　　　　　　　　字　数：110千字
版　　　次：	2018年11月第1版　　印　次：2022年8月第3次印刷
书　　　号：	ISBN 978-7-5103-2661-5
定　　　价：	28.00元

凡所购本版图书有印装质量问题，请与本社综合业务部联系。(电话：010-64212247)

版权所有　盗版必究（盗版侵权举报可发邮件到本社邮箱：cctp@cctpress.com）

作者简介

王东叶（1968年12月生），女，汉族，山西省太原市清徐县人。1992年毕业于山西农业大学，取得农学学士学位；2004—2006年在天津大学脱产攻读工商管理硕士，取得工商管理硕士学位。现任陆延房地产集团有限公司总会计师，主要从事的工作或研究的方向为房地产开发项目财务管理、成本管理、预算管理及纳税筹划等。

前　言

　　房地产项目的兴起与发展，标志着我国经济的快速增长和人们生活水平的提高，同时，房地产企业的质量把控关系到人们的生活质量，对经济的发展影响深远。由于我国城市化进程加快，带动一些相关行业的发展，为人们提供更多的就业的机会，现在房地产企业的发展已经成为国民经济发展中不可忽视的中坚力量。而房地产项目成本管理是在保证满足工程质量、工期等合同要求的前提下，通过对目标成本的管理、动态成本的控制管理、成本结算与后期评估归档等管理来达到减少项目成本的目的。由于房地产项目的开发需要巨大的资金投入，并且投资回报期长，如何在有限的资金和资源的前提下获得最大利润率，是成本管理亟待解决的问题。房地产企业财务成本控制的水平直接关系到企业经济效益水平，企业的核心竞争力与财务成本管理有着重要的联系。成本控制的最终目标是通过成本控制管理将成本合理揭示出来，并运用合理的控制方法与手段进行成本优化，以达到效益最大化。因此需要采取正确的控制战略，建立成本控制体系，这样才能指导企业降低开发成本。

　　鉴于此，作者撰写《房地产项目成本管理控制》一书。全书共分为四章。第一章论述了房地产项目成本管理理论基础；第二章探讨了房地产项目成本精细化管理控制；第三章围绕房地产项目成本优化管理展开研究；第四章对房地产项目成本控制进行分析。本书的撰写体现两个方面的特点：第一，内容论述上善用图

表,以图解的形式对房地产项目成本管理各知识点进行讲解,层次鲜明、结构清晰,注重理论性与科学性。第二,结构上层次分明,由浅入深,首先是房地产项目的基础理论,其次是细化管理,再次是优化研究,最后是控制分析,反映了房地产项目成本管理的重要性。

  作者在撰写过程中得到许多专家学者的指导和帮助,在此表示诚挚的谢意。由于作者学术水平以及客观条件的限制,书中不尽如人意之处在所难免,希望读者和专家能够积极批评指正,作者会在日后进行修改,使之更加完善。

作者

2018 年 10 月

目　　录

第一章　房地产项目成本管理理论基础 ……………… 1
第一节　房地产项目的成本构成 …………………………… 1
第二节　房地产项目成本管理的部门职能与岗位职责 ……… 5
第三节　房地产项目成本管理程序与制度规定 …………… 16

第二章　房地产项目成本精细化管理控制 …………… 36
第一节　房地产项目进度成本精细化管理 ………………… 36
第二节　房地产项目质量成本精细化管理 ………………… 42
第三节　房地产项目安全成本精细化管理 ………………… 65

第三章　房地产项目成本优化管理研究 ……………… 79
第一节　房地产项目设计优化重点与成本管控关键指标 … 79
第二节　房地产项目设计价值链管理 ……………………… 91
第三节　房地产项目整体权衡与优化管理 ………………… 97

第四章　房地产项目成本控制分析 …………………… 99
第一节　房地产项目成本总体战略和成本分析 …………… 99
第二节　房地产项目开发全过程的成本控制 ……………… 108
第三节　基于目标管理的房地产开发项目成本控制探讨 … 143

参考文献 ……………………………………………… 148

第一章 房地产项目成本管理理论基础

随着我国房地产市场发展的日益成熟,市场竞争的日益激烈,房地产市场变得越来越规范、透明,做好房地产项目的成本管理的重要性日益凸显。本章首先论述房地产项目的成本构成,然后对房地产项目成本管理的部门职能与岗位职责进行探究,最后分析房地产项目成本管理程序与制度规定。

第一节 房地产项目的成本构成

优化控制房地产开发项目的成本,首先应掌握房地产项目成本的构成。房地产项目开发一般要经历征地拆迁、规划设计、组织施工、竣工验收、产品销售五大阶段,一般均采取招标的办法,将设计、施工任务发包给设计、施工单位承担。这些特点决定房地产开发的成本和费用包括取得土地费用、拆迁补偿费、前期工程费、基础设施费、建筑安装工程费、公共配套设施费、管理费用、营销费用、财务费用、销售税金、预备费等项目。

一、房地产项目成本构成比

在房地产开发项目成本的各组成部分中,土地获取费用、建筑安装成本是重要的组成部分,所占比例也相当大,一般占总成本的80%以上。土地获取成本包括土地转让费、相关税费、资金利息等等,是随土地的地域、属性有关,是弹性可变量,但建筑的主体结构相对来说是固定量,基本可分为多层建筑、中高层、高层三类基本建造成本。整个成本构成包括：土地获取费、前期开发费、基础设施建设费、建筑安装工程费、公共配套设施建设费、开发间接费用、管理费、销售费、开发期税费、其他费、不可预见费，如图1-1所示[1]。

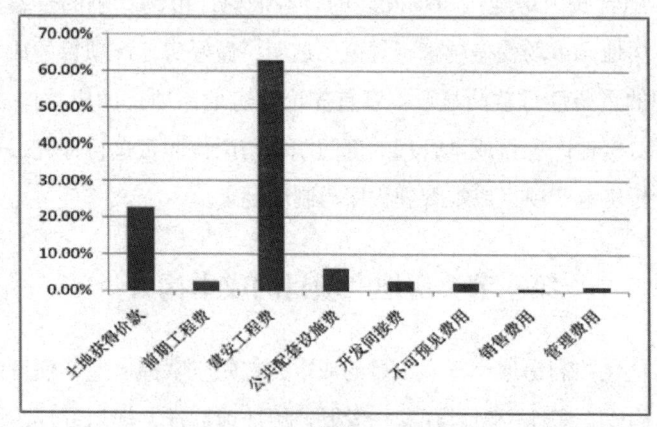

图1-1 房地产项目成本构成比

二、房地产项目开发过程的基本阶段

一般房地产项目开发根据建设程序和实施周期大体可以分为四个阶段：投资决策阶段、规划建筑设计前期准备阶段、工程施工及配套建设阶段、竣工交付使用阶段，如图1-2所示。

---

[1] 本节图片引自侯龙文. 房地产·建筑设计成本优化管理 [M]. 北京：中国建材工业出版社，2016.

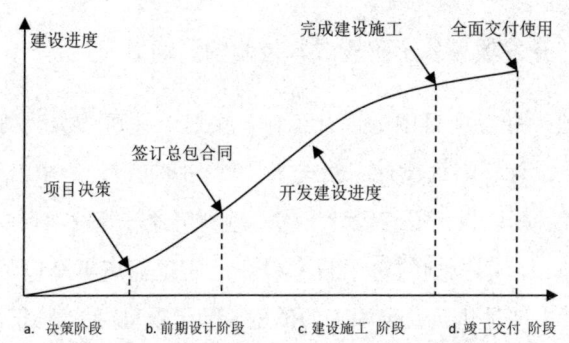

图1-2 房地产开发基本阶段的划分

三、设计阶段工作程序的工作节点

房地产项目开发阶段的工作程序根据其工作决策目标，可分为如下工作节点：①市场/定位；②项目定位；③方案设计（和方案深化设计）；④初步设计（扩初设计）；⑤施工图设计。如图1-3所示：

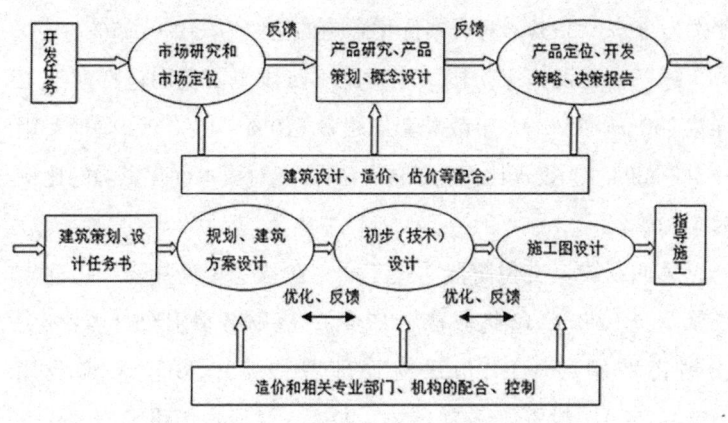

图1-3 设计阶段工作程序的工作节点

四、开发项目各个阶段成本控制的影响力

房地产开发项目中的设计工作，按照专业可以分为规划设计、建筑设计、结构设计、给排水设计、暖通设计、电气设计、景观设计、精装设计等。设计工作渗透到房地产开发项目的每个细节，项目前期策划的每个技术目标的实现都离不开设计的指导。设计文件是建筑安装施工的依据，除了项目决策之外，设计工作起着决定性的作用。以下为开发项目各个阶段成本控制的影响力分析：

第一，决策阶段。在决策阶段主要由可行性研究费用（1%）和项目评估费用（1%）构成，投资比例为2%~3%，对成本优化影响的比例为100%。

第二，前期阶段。前期阶段主要费用有：①土地费用（20%~25%）；②勘探费用（1%）；③设计费用（3%~5%）；④招标管理费用（0.5%）；⑤场地三通一平费用（3%~5%）。投资比例为30%~35%，对成本优化影响的比例为75%~85%。

第三，建设施工阶段。建设施工阶段主要费用包括建安工程费（30%~35%）、市政配套工程费（10%~15%）和监理费用（1.5%~2%）。投资比例为50%~60%，对成本优化影响的比例为5~10%。

第四，竣工交付阶段。竣工交付阶段主要费用有：①住宅维修基金（2%）；②物业费用（2%）；③财务费用（5%~8%）；④销售费用（2%）；⑤开发管理费（2%）；⑥税金等费用（5%~7%）。投资比例为15%~20%，对成本优化影响的比例为0%。

根据各阶段投入的可控费用分析，施工阶段是可控资金投入最多的阶段，但房地产开发各个阶段对投资的影响程度和阶段的投入多少不是相对应的，主要在于投资决策和前期阶段。房地产开发项目前期的决策确定后，设计阶段就成为成本控制的关键。

德国索墨尔（Hans Rolf Sommer）博士多年研究工程建设项目不同阶段对投资的影响程度，最后得出的结果表明：在方案设计阶段，工程设计影响项目造价成本的可能性为75%~95%；在初步设计阶段，影响项目造价成本的可能性为35%~75%；在施工图设计阶段，影响项目投资的可能性为10%~35%；而进入建造施工阶段，采取加强施工管理措施来节约投资的可能性只有5%~10%。

第二节 房地产项目成本管理的部门职能与岗位职责

对于不同规模的房地产公司来说，其成本管理的部门职能、岗位设置与岗位职责会有所差异，以下分别对小型房地产公司（项目公司）和大型房地产公司（集团公司）成本管理的部门职能与岗位职责进行说明。

一、项目公司成本管理部门职能与岗位职责

在一个项目公司中，成本管理工作主要由成本管理部负责，投资开发部、设计管理部、工程管理部、营销策划部等其他相关部门根据工作需要参与项目成本管理。

(一) 部门职能

成本管理部需要负责的工作如下：

第一，部门目标管理。主要包括：①制定经济合理的目标成本，并确保目标成本的有效控制。②客观准确地评估动态成本，严格审核各项工程费用。③施工阶段按成本控制文件开展各项成本管理工作。④最终实现对目标成本的控制，从而提高公司产品的竞争力。

第二，目标成本、责任成本管理。主要包括：①确定目标成本总控指标，分解成本控制指标，提出控制要点。②每月分析目标成本变动情况，汇报项目动态成本。③搜集、整理、汇总历史成本资料。④汇总编辑项目目标成本指导书及目标成本控制责任书，并负责监控

第三，预结算管理。主要包括：①组织编制及审核工程施工图预算。②全面审核竣工工程结算。③根据结算报告完成各项工程清算。

第四，成本信息管理。主要包括：①建立和完善工程造价和材料设备价格信息资料库。②定期进行专题或综合的成本分析和研究。③收集工程造价信息资料。④收集公司内及其他公司成本管理先进举措，加以吸收利用和推广。⑤有效使用公司下发的成本管理软件。⑥标准合同文本（工程设计类）的组织编制及审核。⑦审核并及时办理各项付款的审批工作。⑧审核并及时办理各项合同的审批工作。⑨审核并及时办理各项结算的审批工作。⑩按不同类别建立合同及执行情况台账。

第五，成本管理规范建设。主要表现为：①制定成本管理的有关规范及实施细则。②制定并完善部门内部管理规范制度。③制定并完善目标成本管理体系。

第六，成本管理监控评估。主要包括：①参与工程、材料及

设备的招投标工作。②参与合同有关经济条款的审核。③定期和不定期抽查评估项目成本管理工作。④定期动态报告目标成本和责任成本的执行情况。⑤对项目前期土地成本、方案设计等进行评估、提出意见。⑥对报批报建、营销成本进行监督控制。

第七，成本预结算管理。主要为预算资料原件工程结算前由主办人留存保管，结算后由专人统一归档管理。

第八，培训指导。主要包括组织成本管理规范的培训和为工程管理部提供预算、结算和成本管理的业务指导。

(二) 岗位职责

房地产公司成本管理部设置的岗位一般包括成本管理部经理、土建预算主管、土建预算工程师、安装预算工程师（可按专业再细分成为电气预算工程师、给排水预算工程师等）、成本管理工程师等，其组织架构与岗位设置情况如图2-1所示[①]。

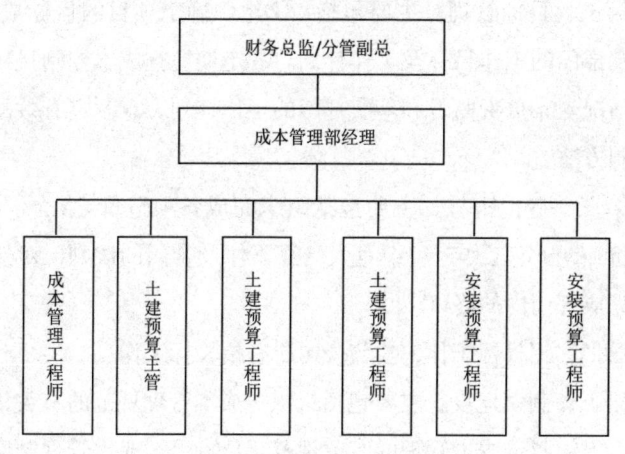

图2-1 成本管理部的组织结构

---

① 本节图片引自佘源鹏.房地产公司成本管理控制宝典：成本预算、控制、核算与评估分析管理工作指南[M].北京：化学工业出版社，2015.

成本管理部岗位设置情况为：①成本管理部经理主要负责部门工作安排、协调和审核；②成本管理工程师主要负责动态成本跟踪、与目标成本差异的成本分析，合同台账、付款台账，预决算汇总表的编制以及成本管理软件的数据录入。③土建预算主管负责预结算、进度款审核；材料招标、限价；合同经济条款；装修、园林、总平土建部分。④土建预算工程师主要负责预结算、进度款审核；材料招标、限价；合同经济条款：装修、部分园林、市政工程预结算；⑤安装预算工程师主要负责预结算、进度款审核；材料招标、限价：合同经济条款；总平的管道部分和总平的电气部分。

1. 成本管理部经理的岗位职责

第一，部门管理。主要负责培养业务骨干、部属激励和绩效考核、负责本部门人力资源的配置和调遣。

第二，目标管理。主要包括：①组织确定项目的目标成本。②确定部门的工作目标及工作计划。③定期检查成本控制目标的执行情况。④负责监督和落实部门的工作计划。⑤制定有效的成本控制方法。

第三，造价审核。主要包括组织完成各项造价（含合同价、结算价）的确定工作、组织重大结算工作及合同的谈判、对造价工作完成部门内的终审。

第四，招投标工作，参与公司所有招投标工作。

第五，制度建设。主要包括组织对成本管理规范的有关培训工作、组织制定成本管理的有关规范、负责公司成本管理制度的制订。

第六，新项目投资测算。组织项目前期成本调研，便于公司

决策。

第七，预决算管理。负责装修工程及室外园林绿化工程结算工作。

第八，合同管理。主要包括：①起草格式化标准合同文本。②对上报合同进行审核。③根据实施情况对合同的经济条款进行全面的把握。

第九，相关总协调工作。主要包括：①负责本部门所有对内对外的协调工作。②组织对外的业务交流活动。③负责公司内部成本意识的建立并组织相关培训。

成本管理部经理的任职要求为：①工程造价管理、工民建、电气工程、给排水工程或工程经济类专业本科或本科以上学历。②5年以上相关工作经验、1年以上管理工作经验、1年以上司龄。③熟悉工程造价管理基础理论、工程管理、工程技术。④熟悉公司成本管理模式、工作程序，熟悉本部门业务流程。

2. 土建预算工程师的岗位职责

土建预算工程师的岗位职责主要有：①施工图预算审核（兼）——土建工程。根据图纸等资料委托咨询单位编制预算，协调咨询单位与施工单位预算核对工作。②审核工程进度预算。负责根据工程进度和合同约定审核工程进度款，经过审核签认的工程进度款审核表作为工程管理部向施工单位支付工程进度款的依据之一。③审核现场签证变更。包括全部土建工程设计变更和签证单费用的初审、按月向成本管理部汇报项目上发生的设计变更和现场签证的办理情况。④结算工作，督促施工单位上报工程结算书、负责按相关文件规定审核工程结算资料、对工程结算进行初审并按规定进行复审和终审。⑤现场签证变更及档案管理。负责建立工

程设计变更及现场签证费用台账、负责各类决算资料档案及图纸资料管理。⑥招投标管理。负责招投标工程量清单计算。⑦动态目标成本。负责进行项目动态目标成本跟踪和按月提供出动态成本分析报告（签证变更部分）。⑧日常管理。配合及时提供成本管理软件所需相关数据，每周部门例会纪要记录及整理。及时总结工作中经验教训供部门内共享，协助部门经理处理日常事务。

土建预算工程师的任职要求为工程造价管理、工民建或工程经济类专业大专或以上学历；2年以上本职工作经验；对本地建筑材料市场有一定了解；熟悉工程造价管理基础理论、工程管理、工程技术；熟悉本地预算定额，熟练使用预算软件及常用OFFICE软件。

3. 安装预算工程师的岗位职责

安装预算工程师的岗位职责如下：

第一，施工图预算审核——安装工程。根据图纸等资料委托咨询单位编制预算，协调咨询单位与施工单位预算核对工作。

第二，审核工程进度款。负责根据工程进度和合同约定审核工程进度款（安装部分），经过审核签认的工程进度款审核表作为工程管理部向施工单位支付工程进度款的依据。[1]

第三，招投标工作。对安装工程和材料（设备）招投标工作，预算员要负责对相关的投标单位的入围进行审签；负责协助编制主体工程招标文件，对招标文件的经济条款进行审核；对经济标书进行分析。

第四，审核现场签证变更。负责全部安装工程设计变更和签证单费用的初审和按月向成本管理部汇报项目上发生的设计变更

---

[1] 葛军. 房地产开发成本控制及管理[J]. 住宅与房地产, 2018(21): 16.

第一章 房地产项目成本管理理论基础

和现场签证的办理情况。

第五，动态目标成本。负责进行项目动态目标成本跟踪，包括：主体建筑的安装、社区管网及安装材料等；按月提供出动态成本分析报告(安装部分)。

第六，结算工作。负责督促施工单位上报工程结算书和按相关文件规定审核工程结算资料。

第七，合同及付款管理。负责审核合同中有关经济条款。

第八，现场管理。负责抽查现场有关工程量的准确性和督促工程管理部执行工程变更签证管理规范。

第九，日常管理。负责成本管理软件的日常数据管理工作；及时总结工作中经验教训供部门内共享。

安装预算工程师的任职要求为电气工程、给排水工程、或工程造价管理专业大专以上学历；2年以上本职工作经验；对本地建筑材料市场有一定了解；熟悉工程造价管理基础理论、工程管理、工程技术；熟悉本地预算定额，熟练使用预算软件及常用OFFICE软件。

4.成本管理工程师的岗位职责

成本管理工程师的岗位职责如下：

第一，施工图预算管理——土建、安装工程。根据图纸等资料委托咨询单位编制预算，协调咨询单位与施工单位预算核对工作；负责编制咨询合同。

第二，目标成本制定。确定项目目标成本，制订材料设备成本控制明细表。

第三，结算工作。负责督促施工单位上报工程结算书、按相关文件规定审核工程结算资料、对工程结算进行初审并按规定进

· 11 ·

行复审和终审。

第四，信息管理、按公司要求有效使用成本管理软件，及时完整录入各类数据；负责汇总编制每月公司成本月报，并上报公司领导。

第五，动态目标成本。负责进行项目动态目标成本跟踪，包括：主体建筑的土建费、公共配套项目及开发间接费用等；按月提供出动态成本分析报告（土建部分）。

第六，审计配合工作。对造价咨询公司进行管理，各项审价工作协调；负责准备编制审计所需数据表格工作；负责审计的其他配合工作。

第七，合同及付款管理。负责审核合同中有关经济条款，建立合同及合同付款台账及成本核算工作。

第八，日常管理。配合及时提供成本管理软件所需相关数据；及时总结工作中经验教训供部门内共享；协助部门经理处理日常事务；编制项目每月工程资金计划。

成本管理工程师的任职要求为工程造价管理、工民建或工程经济类专业大专或以上学历；2年以上本职工作经验；对本地建筑材料市场有一定了解；熟悉工程造价管理基础理论、工程管理、工程技术；熟悉本地预算定额和预算软件，精通常用的OFFICE软件，对数据库有一定了解。

二、集团公司成本管理部门职能与岗位职责

在集团公司中，一般会设置集团成本管理中心对下属各公司（项目公司／城市公司／区域公司）的成本管理工作进行统筹管理，并根据公司的实际情况，可以在集团成本管理中心下设招标合同

第一章 房地产项目成本管理理论基础

部和成本管理部进行分类管理。

(一) 成本管理中心的部门职能

根据集团的发展需要,成本管理中心可以形成如下的管理体系:通过对管理秩序的提升,形成由集团定目标、成本管理中心定标准、定制度,过程实行分级、分类管理的集团化成本管理体系。最终构建以目标成本为导向、全员责任管理、过程分类控制的业务管理模式。图 2-2 为成本管理中心的管理体系。

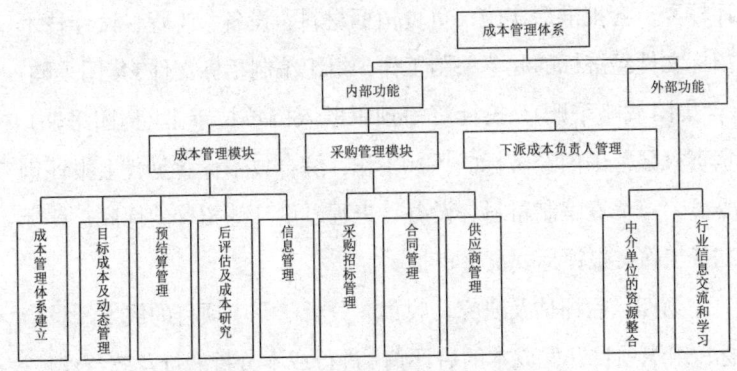

图 2-2 成本管理中心的管理体系

成本管理中心需要负责的工作具体如下:

第一,成本管理体系。建立和完善公司成本管理体系,管理和控制项目工程建设成本,建立项目开发成本的目标成本框架和成本分类科目,建立项目目标成本责任体系,组织落实并提供考核依据,建立项目开发成本监控预警机制。

第二,目标成本及动态管理。主要包括组织编制项目目标成本并经公司审核批准组织实施;收集和录入项目动态成本,并进行汇总和分析,提出目标成本调整建议;建立项目动态成本信息台账;审核项目工程、材料设备、技术服务、合同进度款支付申

· 13 ·

房地产项目成本管理控制

请；对项目成本进行监控，对超出预期成本变动范围的情况启动预警程序；对项目超出目标成本控制范围内的支出进行审核，控制目标成本的非预期超支；审核现场工程签证、设计变更进行造价预算，并提出成本意见；审批项目公司施工图预算、室内外装修预算、景观预算；审批项目公司的项目竣工结算；参与审核项目公司权限之上设计变更、工程签证。

第三，采购招标管理。编制项目的招标、采购总体计划，报评标委员会批准后实施；负责招标材料、设备、工程、设计技术招标文件经济标的起草编制工作，组织编制招标文件（集团采购）（含集团战略采购）；投标资格预审既入围单位审批（集团采购）；负责权限范围内经济标的评标工作，综合技术标意见，上报评审委员会；负责编制材料、设备、工程、设计等招标的标底；评标准备工作，报评标委员会审批。

第四，后评估及研究。收集、分析已完工项目的成本经济指标；组织项目开发成本的后评估，进行成本分析评价及效益评估；参加概念设计、方案设计、景观设计评审，对比项目开发目标成本，提出审核意见。

第五，信息管理。包括收集和整理项目工程报价和结算等经济资料并及时归档；进行各地区物业造价水平的调研，收集成本数据；建立项目开发成本数据库；收集、整理公司范围的有关成本信息，建立成本信息库；编制成本月报；定期进行材料、设备、工程、设计技术服务等市场价格调查建立价格信息数据库；负责各类（工程、材料设备、技术服务等）招标采购价格的更新与跟踪。

第六，供应商管理。主要负责收集承包商、供应商信息，建立供应商库；配合合同执行部门对供应商进行评价；负责建立完

第一章 房地产项目成本管理理论基础

善改善战略供方,建立和维护合格供方清单,跟踪供应商企业发展信息。

第七,合同管理。主要负责合同事务的统筹管理;负责组织拟订合同范本;组织单项合同拟定的会签和审批;负责组织合同的谈判;负责合同的登记,合同台账的建立及备案;负责组织对合同履约情况的检查和监督;负责合同录入档案系统的工作。

第八,团队管理。团队组织建设、人员外派及任免管理、人员培训管理及人员考核管理。

第九,其他。包括配合设计管理部门进行材料调研和材料、设备选样定板;参加项目前期可研工作和后评估工作。

(二) 岗位职责

1. 成本管理中心总经理的岗位职责

成本管理中心总经理主要工作是在分管副总的领导下,全面负责中心的日常管理工作,对中心及各部门建设发展进行具体指导;全面负责中心人员的工作指导和培训规划,具有人事调整建议权;组织中心外部资源的整合与管理,负责中心工作的阶段性总结和汇报;全面协调中心与相关部门的沟通和交流。

2. 成本管理部经理的岗位职责

成本管理部经理的岗位职责包括:①在中心总经理领导下,负责部门的日常管理工作。②拟订并完善公司工程预、结算管理制度。③负责组织、审核工程项目的概、预算和决算。④工程动态成本报告、月完成产值报告的汇总分析。⑤负责组织、审核投资项目的前期测算。⑥跟踪工程进度,进行动态成本及时审核,调整预算并组织做出差异分析。⑦组织项目成本核算及管理报告的编制,确保提供数据的准确性。⑧负责成本数据库的建立和动

态管理。⑨负责本部门内部人员的绩效考核、技能培训等工作。

3. 招标合同部经理的岗位职责

招标合同部经理的岗位职责是主要负责部门的日常管理工作，拟订并完善有关工程类合同管理办法。负责拟订并完善招投标管理制度及招投标工作流程，组织授权范围内的招投标工作；审核招标文件，组织开标、评标、定标工作；负责工程建设合同或协议的审核、签订。负责集团公司的战略采购工作；负责主要采购物资的信息收集和询价工作；负责供货商管理及数据库建设；负责本部门内部人员的绩效考核、技能培训等工作。

4. 项目公司成本管理部经理的岗位职责

项目公司成本管理部经理的岗位职责包括：①在成本管理中心总经理和项目公司总经理的双重领导下，全面负责部门的日常管理工作。②负责项目的动态成本管理。③配合集团成本管理部完成项目目标成本测算。④已完项目的整改和维保工作。⑤结算审核。⑥负责授权范围内的招投标及合同管理。⑦负责集团采购合同的执行。⑧负责组织项目相关部门对合同进行评估。⑨负责本部门内部人员的绩效考核、技能培训等工作。

第三节 房地产项目成本管理程序与制度规定

一、房地产项目成本管理程序

按照房地产项目的开发流程，房地产公司的成本管理包括在项目决策与设计阶段进行的成本预测，在招标采购与施工阶段进行的成本动态控制，在项目竣工验收阶段进行的成本结算与评估

分析管理。

(一) 项目公司成本管理程序

1. 相关部门职责

房地产公司成本管理工作所涉及的部门以及具体的工作职责如下:

第一,成本管理部。参加对建筑方案设计、初步设计进行评审,评审通过后按要求编制目标成本指导书;招标时编制经济标书,并对投标单位的经济标书进行分析;组织编制施工图预算;对设计变更的经济性、合理性进行评审;项目动态成本的录入与分析;工程竣工后办理工程竣工评估;组织成本控制相关文件的评审。

第二,工程管理部。主要负责组织各类招标,确定总包、分包施工单位及材料设备供货厂家,与供方签订合同;参加成本控制相关文件的评审。

第三,设计管理部。主要负责完成建筑方案设计,组织建筑方案会审;为结构方案、基础方案、设备等方案的选择提供决策依据;组织完成初步设计及会审;组织完成施工图设计、组织工程管理部、成本管理部、项目部对施工图进行评审、组织主体承包商、监理承包商、工程管理部、成本管理部、项目部对施工图进行会审;负责装修工程全过程成本控制,在工程施工过程中进行有助于优化工程设计的设计变更;按照要求提供投资分析、方案设计、初步设计、施工图设计阶段进行成本预算所需的资料;参加成本控制相关文件的评审。[1]

第四,投资开发部。主要负责土地价款(包括出让金、配套

---

[1] 何昌容. 房地产企业成本管理现状与控制对策探讨 [J]. 现代经济信息,2018(09):201+203.

费、契税)的支付，负责报批报建费用的控制；参加成本控制相关文件的评审；负责社区管网工程的设计、施工合同签订。

第五，项目部。负责工程从开工到竣工阶段的管理，对设计变更、签证的经济性、合理性进行评审；负责资金计划的编制、报批和执行；工程竣工后办理工程竣工结算。

第六，营销策划部。主要负责营销费用的控制和参加成本控制相关文件的评审。

第七，涉及主管领导。负责批准设计任务书(规划方案、建筑方案、结构方案)。

第八，总经理。主要负责批准目标成本指导书、批准责任成本管理体系操作指引。

2. 具体工作程序

第一，项目确定前。投资开发部确定地块信息，设计管理部进行建筑方案设计，成本管理部负责成本估算，财务管理部负责提供财务经济指标，形成项目成本测算交到投资开发部，总经理对成本估算进行评审。

第二，工程开工前。设计管理部进行建筑方案设计，工程管理部对建筑方案技术指标进行评审，成本管理部对建筑方案经济指标进行评审，确定经济、合理的建筑方案。设计管理部进行初步设计，工程管理部参与结构方案、基础方案、设备方案的确定，成本管理部对设计的产品进行经济分析和评审。初步设计完成后，成本管理部按照目标成本指导书编制指引编制目标成本指导书，由总经理批准。设计管理部组织施工图设计，设计管理部组织工程管理部、成本管理部、项目部对施工图进行评审，评审通过后由工程管理部组织招标，成本管理部编制经济标书。定

标后工程管理部与总承包商签订合同。设计管理部组织工程管理部、成本管理部、项目部对施工图进行评审。与承包商签订合同后，设计管理部组织主体承包商、监理承包商、工程管理部、成本管理部、项目部对施工图进行会审。成本管理部组织完成施工图预算完成后，对目标成本进行修订。

第三，工程施工中。工程开工后，工程管理部根据工程进展安排，通过招标确定甲方分包工程施工单位及材料供应商，安排施工单位进行施工。在总包和分包工程施工过程中由于工程需要，设计管理部出设计变更通知单，按照相关文件审批后实施。在工程施工过程中出现变更后，成本管理部负责变更的经济估算。项目部根据工程需要发现场签证通知单，按现场签证作业指引审批后实施。在工程施工过程中，成本管理部应该每月对工程的动态成本进行分析，形成月报。

第四，工程竣工后。项目部及时收集完整的结算资料，填写工程结算工作交接单，并进行结算审核或对咨询公司审核完毕的结算进行复审，完成审核后填写工程结算定案单，将资料移交成本管理部办理工程竣工结算。工程结算完成后，项目部填写成本信息搜集表，成本管理部对工程项目成本进行后期评估分析，并由总经理签发，归档保存。

(二) 集团公司成本管理程序

1. 相关部门职责

相比于项目公司，集团公司还应设置成本管理中心对项目开发过程中相关的成本管理事项进行审批和调整，具体职责如下：

(1) 项目公司成本管理部 (主导)

论证阶段进行成本估算、定位阶段进行成本测算、下达设计

限额和成本控制建议，并进行成本匡算、概算和预算；编制目标成本、分解和下达责任成本、进行成本动态控制；按成本目标进行工程采购或材料、设备采购；进行工程结算，成本后评估。

(2) 项目公司财务管理部

在项目开发各阶段进行经济测算、管理费用和财务费用测算。

(3) 项目公司设计管理部

按设计限额组织或调整设计；进行设计费用测算；按成本目标组织选型定板；配合成本管理部进行成本估算、测算、匡算、概算和预算

(4) 项目公司运营管理部

符合目标成本及责任成本，符合目标成本控制书的调整；审核竣工结算书。

(5) 集团成本管理中心

编制拓展阶段估算；审核项目成本测算、项目成本匡算、初步目标成本、设计限额成本指标、正式目标成本及责任成本，大于300万元或2%的目标成本的调整；大于300万元的工程结算报告；对设计概算、小于300万元或2%的目标成本的调整、小于300万元的工程结算报告备案

2. 具体工作程序

集团公司具体工作程序具体如下：

第一，确定目标成本。目标成本由集团成本管理中心下达。集团成本管理中心、项目公司成本管理部在不同阶段制订相应的目标成本，并完成规定的报批程序，包括三个阶段：①项目投资决策阶段，集团成本管理中心依据方案编制投资估算，经集团领

第一章 房地产项目成本管理理论基础

导团队审定、批准,作为项目总目标成本。②方案设计阶段,依据总目标成本、规划方案、建筑方案设计,由各项目公司编制目标成本表,经集团成本管理中心审核后,报集团领导团队审批,审批后的目标成本作为项目公司的成本控制指标。③施工图阶段,由各项目公司将成本控制表细分,作为项目公司对各分项成本考核依据,同时上报集团成本管理中心备案。

第二,成本动态控制。各项目公司必须依据已批准的成本指标,对项目开发过程中各阶段的业务活动进行连续监控,制订控制成本的措施方案。项目公司成本管理部必须参与和控制所有影响项目成本的业务活动,包括但不限于设计方案优化;业务分包(招投标);材料设备采购比价、限价;合同签订;设计变更及现场签证;合同付款等。项目公司成本管理部负责建立动态成本台账(包括合同台账、设计变更台账和现场签证台账),项目公司财务管理部负责建立管理费用支出及贷款利息成本台账,集团成本管理中心建立销售费用台账,登记、审核实际发生成本是否在成本控制指标规定范围内。

第三,项目成本超支处理及调整。成本超支的处理措施由项目公司成本管理部按成本细项超支预警的范围和要求、填写项目成本细项超支预警表,以书面形式报集团成本管理中心备案或审批,具体要求为:①不使用不可预见费,拟采取降低成本措施补救,由公司总经理审批;②拟使用不可预见费弥补,调整细项成本,报集团成本管理中心审核后由成本管理中心总经理、集团主管副总裁审批;③需要突破项目目标成本时,必须经集团成本管理中心总经理审核后,呈递集团主管副总裁、集团总裁审批。在项目实施过程中,因经营计划调整引起成本细项的目标成本的增

· 21 ·

加或减少，应及时报集团成本管理中心审查，并根据上述规定进行处理。

第四，成本核算与分析。项目公司必须按项目成本核算与分析的规定，每月进行项目成本核算和经济活动分析，对成本指标的执行情况进行阶段性的检查和总结，分析成本发生的增减动态和趋势，并通过分析成本细项超支发生的原因，及时采取控制成本的措施。

二、房地产项目成本管理制度规定

为提高成本管理效率，房地产公司应制定相关的制度规定来规范成本管理工作。主要包括房地产项目管理部的工作准则与日常工作制度、成本管理部的办文计划规定、成本管理部的考核规定、房地产项目成本负责人制度、责任成本管理制度等内容。[1]

（一）工作要求与相关制度

1. 成本管理部的工作要求

房地产公司成本管理人员应熟知并遵守公司对职员工作素质的基本要求，具体包括以下内容：

第一，业务工作。遵守公司职务行为准则，执行造价行业自律性规定，珍惜造价职业声誉，自觉维护公司利益。诚实守信，尽职尽责，不得有欺诈、伪造、作假等行为。严格遵循公司管理流程，接受上司的指示，遵守诚信、公正、精业、进取的原则，开展各项业务工作。严格按合同约定进行工程造价审核工作，勤奋工作，独立、客观、公正、正确地出具工程造价成果文件，使

---

[1] 康立华.房地产企业成本管理的问题分析与对策研究[J].时代经贸，2018(18)：37-38.

公司满意。严格按合同约定审核各项工程付款,未经公司许可,不得提前或超额支付各项付款。在任何情况下,禁止兼职工作。包括:在公司内从事外部工作;兼职于公司的业务单位(包括造价咨询单位、施工单位等)。成本人员若与业务单位有特殊关系,则应在相关的业务活动中回避,并接受公司的各项工作及职业道德行为的检查,积极为公司提供各项合理化建议,推进公司的优质管理。

第二,廉正管理。主要表现为:①廉洁合作,禁止索贿、受贿等任何形式的违法乱纪行为;参加造价咨询单位的宴请及各种会议,需经主管领导同意,会议所发的礼品、礼券(现金)均应按公司有关规定执行。②应拒绝参加施工单位、材料供应商和投标单位的宴请和娱乐活动。③在工作过程中发现合作单位有不廉政的行为,应及时采取措施,终止其不廉政行为的继续发生,并报告部门领导。④每月召开一次部门廉正管理会议,对职员进行廉政教育。并对廉政情况进行监督。

第三,保密义务。不得将公司信息资料(包括成本资料、管理规范等)以任何形式(外借、复印、电子文档等)向其他单位或个人透露。若对于公司内部其他部门索取公司开发项目的完整成本资料时,需经部门经理同意批准,不得将招投标的过程资料(包括标底、投标报价等)以任何方式向任何人泄露。

2. 成本管理部的相关制度

成本管理部的相关制度主要内容如下:

第一,工作周报制度。个人周报及工作完成情况每周上报部门综合管理员;个人月报及工作完成情况每月末上报部门综合管理员。

 房地产项目成本管理控制

第二，定期会议制度。每周召开部门例会。每两周进行一次专业化培训讨论，并整理会议纪要或专业化培训讨论结果，完成工作联系单及答复单。

第三，工作总结制度。每季度第三个月月底将个人季度工作总结上报部门经理；不定期总结工作中经验教训，提交部门经理用来专题讨论。对结算金额大于10万的工程，在结算上报审批之日起10天内完成结算总结分析（对招标、合同、施工管理等方面总结分析）。

（二）办文计划的相关规定

房地产公司成本管理部应按照办文计划表的规定，在办理时限内提交相应的工作成果。成本管理部的办文计划具体见表1-1所示[①]：

表1-1　成本管理部的办文计划

序号	前提工作	工作内容	办理时限	办文结果
测算阶段					
1	宗地地貌图、地质初勘资料、政府规划指标及公司规划指标	买地方案建造成本测算	2天/方案	方案建造成本比较表
2	宗地地貌图、地质初勘资料、政府规划指标及公司规划指标	与财务管理部合作测算买地方案地价成本指标	2天/方案	方案总经营成本比较表
3	地价、预估销售价格、利润指标、规划方案技术经济指标	规划方案技术经济指标建造成本测算	2天/方案	方案建造成本比较表

---

① 该表引自佘源鹏.房地产公司成本管理控制宝典：成本预算、控制、核算与评估分析管理工作指南[M].北京：化学工业出版社，2015.

第一章 房地产项目成本管理理论基础

续 表

序号	前提工作	工作内容	办理时限	办文结果
4	投标各方案技术经济指标	投标规划方案的建造成本测算	1天/方案	方案建造成本比较表
目标阶段					
5	经工程管理部初选的符合技术要求的方案、技术参数	土方、土坡方案经济分析	2天	方案成本比较表
6	经工程管理部初选的符合技术要求的方案、技术参数	基础方案经济分析	2天	方案成本比较表
7	经工程管理部初选的符合技术要求的方案、技术参数	结构方案经济分析	5天	方案成本比较表
8	经工程管理部初选的符合技术要求的方案、技术参数	设备选型方案经济分析	2天	方案成本比较表
9	经工程管理部初选的符合技术要求的方案、技术参数	其他方案经济分析	2天	方案成本比较表
10	规划方案技术经济指标、土方地基方案、装修档次样板、设备选型方案	编制成本指标指导书	30天	成本指标指导书
招投标阶段					
11	结构、建筑、给排水、电气施工图，装饰材料样板及价格	土建、安装总包标底编制	30天	总包标底
12	施工图纸	装饰工程量清单编制	3~5天	工程汇总表
13	施工图纸	环境工程量清单编制	14天	工程量汇总表

· 25 ·

续 表

序号	前提工作	工作内容	办理时限	办文结果
14	施工图纸	其他分项工程工程量汇总表编制	按工程量大小定3~5天	工程量汇总表
15	开标后的投标书(经济标部分)	投标书经济分析报告	总包：7天 环境：5天 其他：2天	投标经济分析表
16	招标书中的技术标基本完成	经济标编写	总包：7天 其他：3天	—
17	招标书中的技术标基本完成	招标书审核	1~3天	—
18	合同拟订完成	合同审核	1~3天	—
19	施工图、材料样板选定	成本详细指导书编制	21天	成本详细指导书
审算阶段				
20	施工图纸齐全、材料价格确定、图纸会审纪要	施工图预算编制及核对	10~70天	施工图预算
21	工程指令单完成	工程指令单、零星委托审批	1天	—
22	签证工程量完成，项目部完成签证手续	签证审批	1~3天	—
23	施工单位报送签证、设计变更结算，项目部完成工程量初审	变更、签证结算审核	15~20天（月结，项目部在每月3日前完成上月初审）	签证结算书
24	设计变更	设计变更评审	2天	经济分析表
25	工程竣工后施工单位报送结算，项目部完成工程量初审，结算资料齐全	总包工程竣工结算编制及核对	60~80天	总包工程结算

续 表

序号	前提工作	工作内容	办理时限	办文结果
26	工程竣工后施工单位报送结算，完成工程量初审，结算资料齐全	装修工程竣工结算编制及核对	15~25天	装修工程结算
27	工程竣工后施工单位报送结算，项目部完成工程量初审，结算资料齐全	其他分项工程竣工结算编制及核对	15天	分项工程结算书
28	施工进度满足合同要求，项目部完成审批手续，资料齐全	付款审批单审核	2天	—
后评估阶段					
29	工程结算完成，结算资料齐全	工程竣工结算资料汇总	60天	完成文件整理及移交
30	工程施工及材料结算完成	工程建造成本结算分析	30天	工程建造成本分析报告
31	上述结算工作全部完成	工程总经营成本结算分析	15天	工程经营成本分析报告

(三) 考核要点及标准

房地产公司应明确成本管理部各岗位的考核要点及标准，以便于各岗位人员按照规定完成各项成本管理工作。以下针对成本管理部经理、土建预算主管、土建预算工程师、安装预算工程师、成本管理工程师的工作内容说明考核要点及标准：

1. 成本管理部经理的考核要点及标准

(1) 制定部门工作计划和工作目标时应合理安排、定期检查、及时调整。

房地产项目成本管理控制

(2) 负责部门团队建设，组织职员参与外部的专业培训，不定期组织与同行间的交流，为公司的发展培养潜力人员。

(3) 确定项目成本目标，完善成本指导书，保证各项目成本的合理性。

(4) 组织并参与新项目的投资测算，准确把握造价水平，供领导决策。

(5) 审核动态成本的准确性，对于变化较大的部分需做专题分析，及时、准确地反映成本变化情况。

(6) 审核所有招标书，并对整个招标过程实行有效监督，确定主体或大型工程的计费标准，对经济条款负责、把易发生费用分歧的事项在招标条款中包干。

(7) 审核材料限价或分项工程限价的准确性，保证及时、合理低价。

(8) 审核所有合同、付款；主审非合同性付款，对合同中的取费、经济条款负责。

(9) 抽查预算、审核结算，决定是否需要外送审价公司审核。

(10) 组织预算、结算、合同管理的规范编制，参与变更、招投管理规范的编制；组织成本方面培训，保证所有程序有法可依、流程清晰。

2. 土建预算主管的考核要点及标准

(1) 指导、复核土建预算员的工作，解答疑问时要耐心、抓住重点。

(2) 对分管区域的土建、环境、装修、市政工程造价的变化及时反映；根据目标成本的要求，对方案、材料、装修标准的选择提出建议。及时完成施工图预算，为决策提供可靠的数据支

持，对变化较大的部分做专题分析。

（3）参与新项目的建造成本测算，主要是主体土建成本的测算。

（4）参与部分土建、监理、环境、零星工程的招标，编写经济条款、参加招标答疑会。

（5）对分管区域的材料或分项工程发布限价单；复核乙方申报的甲供材、三方合同材料计划，保证及时、合理低价、表述准确；防止订货数量出现大的失误。

（6）编写分管部分的工程合同经济条款，对易发生分歧的费用定包干价。

（7）审核分管部分合同的进度款支付，主要是审核是已达合同支付条件，检查监理、现场工程师是否签字同意。

（8）对变更和签证进行估算和经济分析；同现场工程师一同核定工程量；定期汇总变更和签证总金额。保证及时完成，如有需要进行经济必要性分析。

（9）委托中介机构编制或自行编制工程预算；对内部预算进行互审，对外委编制的预算要定期或不定期抽查。

（10）与乙方核对工程（材料）结算；或者协调中介与乙方核对工程结算；结算内部互审，保证合法、合理低价，重点审核预算缺项部分。

（11）把结算与目标成本做对比分析，为后期的工程提供成本方面的建议，确保简洁、有说服力，多用图表分析。

（12）对不同的设计或施工方案做成本比较分析；解答现场工程师关于成本方面的疑问。进行事前控制、及时解答。

3. 土建预算工程师的考核要点及标准

(1) 对分管区域的土建、环境、装饰、市政工程造价的变化及时反映；根据目标成本的要求，对方案、材料、装修标准的选择提出建议，及时完成施工图预算，为决策提供可靠的数据支持，对变化较大的部分做专题分析。

(2) 参与部分土建、监理、环境、零星工程的招标，编写经济条款、参加招标答疑会。

(3) 对分管区域的材料或分项工程发布限价单；复核乙方申报的甲供材、三方合同材料计划。确保及时、合理低价、表述准确；防止订货数量出现大的失误。

(4) 编写分管部分的工程合同经济条款，对易发生分歧的费用定包干价。

(5) 审核分管部分合同的进度款支付，主要是审核是已达合同支付条件。检查监理、现场工程师是否签字同意。

(6) 对变更和签证进行估算和经济分析；同现场工程师一同核定工程量；定期汇总变更和签证总金额，保证及时完成，如有需要进行经济必要性分析。

(7) 委托中介机构编制或自行编制工程预算；对内部预算进行互审；对外委编制的预算要定期或不定期抽查。

(8) 与乙方核对工程（材料）结算，或者协调中介与乙方核对工程结算；结算内部互审。保证合法、合理低价，重点审核预算缺项部分

(9) 将结算与目标成本做对比分析，为后期的工程提供成本方面的建议，确保简洁、有说服力，多用图表分析

(10) 对不同的设计或施工方案作成本比较分析；解答现场工

程师关于成本方面的疑问，进行事前控制、及时解答。

4. 安装预算工程师的考核要点及标准

（1）对分管专业及项目的工程造价变化及时反映；根据目标成本的要求，对方案、材料、装修标准的选择提出建议。及时完成施工图预算，为决策提供可靠的数据支持，对变化较大的部分做专题分析。

（2）参加与专业相关的工程招标，编写经济条款、参加招标答疑会。

（3）对分管专业及项目的材料或分项工程发布限价单；复核乙方申报的材料、三方合同材料计划，保证及时、合理低价、表述准确；防止订货数量出现大的失误。

（4）编写分管部分的工程合同经济条款，对易发生分歧的费用定包干价。

（5）审核分管部分合同的进度款支付，主要审核是已达合同支付条件，检查监理、现场工程师是否签字同意。

（6）对变更和签证进行估算和经济分析；同现场工程师一同核定工程量；定期汇总变更和签证总金额，保证及时完成，如有需要进行经济必要性分析。

（7）委托中介机构编制或自行编制工程预算；对内部预算进行互审。对外委编制的预算要定期或不定期抽查。

（8）与乙方核对工程（材料）结算；或者协调中介与乙方核对工程结算；结算内部互审，保证合法、合理低价，重点审核预算缺项部分。

（9）将结算与目标成本做对比分析，为后期的工程提供成本方面的建议，确保简洁、有说服力，多用图表分析。

(10) 对不同的设计或施工方案做成本比较分析；解答现场工程师关于成本方面的疑问，进行事前控制、及时解答。

5. 成本管理工程师的考核要点及标准

(1) 收集整理已完工程的成本构成和各项经济、技术指标，主要包括各工程的钢筋、混凝土含量；窗地比、墙地比等估算需用的参数；建立成本信息库。

(2) 负责制订目标成本的详细指标，编制项目成本管理指导书，包括详细的材料价格控制表、各项目成本费用的控制要点。

(3) 跟踪分析目标成本的执行情况，完成成本信息报表，每两个月编制一次项目成本动态报表并做分析。保证条理清晰、有参考价值。对于项目中不同类型的建筑需分别列示成本数据。

(4) 负责公司成本管理软件的使用．把定案的预算、结算信息录入软件。指导、培训相关部门的合同管理员的合同录入及合同拆分。

(5) 把结算后项目实际投入成本与目标成本做比较，为后期的工程提供成本方面的建议；参与施工图设计前的方案交底会，从成本角度对设计提出建议；参与施工前的图纸会审，对施工方案提出建议。确保简洁、有说服力，对设计或施工方案的建议有可操作性。

(6) 对成本管理部保管的合同进行保管、建立合同目录电子文档汇总，在成本管理软件使用前负责付款的录入并保存付款申请单。为便于查找，把合同性付款及非合同性付款分开登记，定期与财务进行核对。

(7) 协助部门经理对非合同性费用进行审核，确保合理低价。

(8) 参与部分材料、零星工程的招标工作，编写经济条款、

参加招标答疑会。

（9）部分预算、结算的内部互审，重点审核定额缺项部分。

（10）收集行业法律、法规，以及同行的成本信息及成本管理举措，注意收集当地造价管理站的地方性规定。

（11）协助完善各项目成本管理制度，进行部门及公司内部培训。

（12）协助工程管理部完善合格供应商、分包商数据库中的造价部分，保证信息准确。

（13）负责部门内资料的统一保管，确保资料完整、分类合理、查找方便。

(四) 成本负责人制度要求

由于房地产成本管理部人员分工较分散，与其他部门沟通不够方便，且职责划分不太合理，经常有同一合同由两个以上部门人员分块负责，造成效率降低。因此，可以设立项目成本负责人制度，即每个项目（按期划分）设立一位成本负责人。一般从部门土建预算工程师中选择。

项目成本负责人主要负责项目目标成本编制，项目动态建安成本监控、项目营销成本的管理、项目的成本资料整理、归档工作；负责关于项目的所有与其他部门之间的日常沟通、协调工作；负责项目土建专业招投标配合工作、项目土建技术方案评审的配合工作以及土建变更签证的审批、结算工作；负责项目的土建、装修工程预结算审核；负责项目土建进度付款。

部门安装工程师按专业负责项目的相关工作，具体包括：①负责项目安装专业目标成本编制，交成本负责人汇总。②负责项目安装专业动态成本监控，交成本负责人汇总。③负责项目安装

专业招投标配合工作。④负责项目安装技术方案评审的配合工作。⑤负责项目安装变更签证的审批、结算工作。⑥负责项目的安装、市政工程预结算审核。⑦负责项目安装进度付款。

(五) 责任成本管理体系

责任成本管理是指房地产公司按各职能部门及岗位职责所建立的分工负责控制成本的管理方式,其目的在于加强不同专业、不同流程之间的合作和沟通,形成分工负责、有机协调的责任成本体系。

1. 组成要素

责任成本管理体系主要由五个要素构成:

第一,责任主体。以投资开发部、设计管理部、工程管理部、成本管理部、运营管理部、营销策划部、人力资源部、财务管理部等各职能部门为责任主体,在各业务环节区分主导部门和配合部门。

第二,责任目标。按公司成本管理宗旨:以经济合理性最大的成本提升产品的竞争力,并形成行业成本优势。各个责任范围内成本管理目标应以经济合理性、产品竞争力、行业成本优势为追求目标。

第三,责任范围。建造成本按发生程序划分责任部门,建造成本以外按成本项目划分责任范围。

第四,反馈指标。以定量指标为主。反馈指标的系列数值反映项目成本特性,单一反馈指标高低并不能如实反映成本理性。

第五,评价部门。就各责任成本管理结果是否经济合理,是否符合成本管理宗旨,发表评价意见,并形成系统的项目责任成本分析报告。

2. 工作程序

责任成本管理的工作程序主要有以下三点：

（1）编制计划

成本管理部根据项目开发计划，在设计节点计划确定后，10个工作日内完成目标成本计划编制、责任成本分解表。

（2）责任目标成本表的编制和审批

目标成本（体系一级目标）编制完成后，成本管理部会同公司相关责任部门组织编制责任目标成本表，需经过投资开发部、设计管理部、工程管理部、项目部、营销策划部等责任部门讨论，经运营管理部审核、公司分管副总及总经理审批后执行。责任成本划分的原则包括作业成本由所属业务部门直接负责，成本牵头控制部门可根据各部门在业务过程中对成本的控制性影响力进行划分。责任目标成本表经审批通过后，责任成本指标签入责任部门负责人的绩效合同，并纳入公司考核体系进行绩效考核。

（3）岗位责任目标成本表的签订

各责任部门根据签发的部门责任目标成本表，分解责任成本到岗位，制订成本控制保证措施，签订岗位责任目标成本表，成本管理部协助。岗位的责任成本签入该岗位的绩效合同，纳入公司考核体系进行绩效考核。各阶段的责任成本编制文件及考核的相关资料在定稿后，成本管理部在五个工作日内报公司备案。

第二章 房地产项目成本精细化管理控制

由于目前房地产项目的成本管理仍属于粗放型，因此就需要将精细化管理理论引入到房地产项目中，来促进房地产项目的成本管理。本章分别从进度成本、质量成本和安全成本角度对房地产项目成本精细化管理进行探究。

第一节 房地产项目进度成本精细化管理

工程项目管理中工期的优化管理是十分必要的，工期（进度）的长短影响着项目的质量、成本。相反，施工项目的质量、成本又制约着工期（进度）。对于工程项目控制目标的优化研究，最早出现的是对工期（进度）的优化，但其研究只限于工期优化单个方面，少有将工程进度与成本、质量、安全、环保问题加以考虑的。然而，工程质量、进度、成本、安全是融为一体的。如果在施工中不注重它们之间的关系，孤立地看某一问题，为了"快"可以抢进度而不计成本，不顾工程质量，为了"省"可以节省开支而又不顾工程质量，偷工减料进行粗制滥造，为了"优"而进行超标准施工，甚至精雕细刻，不计成本，不讲进度。这些都是错误的做法。因此分析研究它们之间的关系，找出它们之间的规律，对加强工程精细化管理，不断提高企业的竞争力是至关重要的。

一、进度（工期）与成本的关系探究

质量是任何项目必须保证的前提，在保证既定质量的基础上，项目的进度和成本成为建设项目中两个最为重要的方面。它们之间存在着紧密联系。例如，在工程建造过程中，成本支出较大的原因可能是因为工期的压缩，也可能是因为成本超出预算。因此，如何更好地做好工期（进度）与成本之间的管理和整合优化，有必要深入研究两者之间的关系。

工期与成本，两者互相矛盾。一般情况下，工期过短，需要采取必要的施工组织保证措施，如增加劳动力，增加机械设备及周转材料或采取新工艺、新技术，投入相应增大。所有这些必然会引起工程直接费用的增加，而工程的间接费用就有所减少。相反，工期过长，由于受材料价格不稳定因素影响，直接费用也可能相应增加，即使在工期内采取措施保证直接费用不增加的情况下，但在这个过程中，工程的间接费用则会直线上升，成本反而加大。由于工程总成本由工程直接费用与间接费用构成，因此，工期过短或过长都会造成工程成本的增大。所以，每个工程都有最低成本和最佳工期，从中也说明工期超过最佳工期，施工成本总费用也要增加。不注重工期，施工无计划，而致使增加工程成本是决不可取的。然而，盲目强调工期，不惜血本保进度，实行工序大搭接、大投入的方法，而增加工程成本也是不可取的。[1]

因此，在施工管理过程中，一定要明确合理工期的概念，并根据合同工期，编制经济合理的施工组织设计，按照合理工期，

---

[1] 李静. 中小房地产企业成本控制存在的问题及对策探析 [J]. 纳税，2018，12(24)：187-188+192.

组织均衡施工,并注意把握和处理施工工期与工程成本之间的关系,强化工程施工管理手段,控制成本开支,以满足合乎标准质量和最佳工期与最低成本的统一,以求达到较好的经济效益。大多工程项目,工期都是很紧张的,有的项目也不是合理工期,对此应该有充分的认识以及对应的措施。

基于时间关系。工程的进度和成本都存在着时间的分布,成本不仅仅是一笔总金额,随着进度的展开,随着项目的工作和任务的时间序列而支出的,成本支出发生在各个工作或任务中,它也存在着时间上的分布。因此,工程的进度和成本管理是通过建立的时间坐标得到联系。基于资源关系。进度与成本不仅在时间分布上有着联系,还通过资源存在相互制约相互转化的关系。资源是建筑施工的基本条件,人、技术、材料和设备等是工程施工常用的资源类别。资源的使用时间、种类和数量将直接影响到工程进度计划的编制,每一阶段可以提供的资源数量,完成的工作量,决定了项目的进度。离开资源计划去制定进度计划毫无意义。与此同时,正是资源的使用和消耗才会有成本支出,在进度计划中相应的工作或任务需要的资源数量就会有相应的成本支出,因此进度与成本通过资源的消耗产生不可分割的联系。

随着工程的进展,资源消耗不断增加,成本也不断增加,此时的进度与成本可通过资源的消耗相互转换。当进度拖延时,可以采取更先进的施工工艺,加大材料、设备和人员的投入,从而赶进度,可是此时成本的支出就会上升。当成本的支出超预算时,可以采取使用低成本的材料,降低施工人员的数量等手段削减成本支出,但此时工作持续时间延长,进度放慢。可见,进度与成本可以通过资源相互制约相互转化,这也正是进度与成本优

化管理的基础。

二、进度（工期）与成本优化的划分

所谓进度（工期）与成本优化，就是在多个选择方案中选出最满意的方案。最满意的方案可以通过一个或多个目标函数表示，利用最优化原理，按照选定的目标，不断地改进原有方案直至找寻到最佳方案。进度（工期）与成本优化的目标函数应参照项目工期、费用和资源目标，按照计划任务的需要和条件选定。主要划分为以下三种：

第一，工期优化。工期优化是指通过缩短计算工期的方式满足项目时间要求，是以成本增加较少的情况下使工期最短。常用的方法是增加劳动力或者机械设备，压缩关键工作的持续时间以及工序的合理穿插、平行和立体交叉作业来满足工期的要求。

第二，资源优化。工程项目中的资源种类很多，包含人力、材料、机械机具、设备、资金等，资源的使用情况对进度的实施有很大的影响作用。因此，资源优化的方法是以现有的资源条件为基础，通过改变工作间的逻辑关系使工作的开始时间产生变化，在编制进度计划安排时按时间的分布使资源符合优化目标，通过优化实现资源的均衡利用和解决资源供求矛盾。资源优化的方法有资源有限与工期最短的优化和工期固定与资源均衡的优化两类。

第三，成本优化。成本优化是指以最低费用支出为目的，此时对应工期时间安排进度，或以最短工期为目的，以此时间计划最低费用支出的安排过程。一般情况下，工程费用分为直接费用和间接费用两部分。直接费用是构成项目产品实体所消耗的

费用，包含人工费、材料费、施工机械使用费，当缩短计算工期时，工程直接费用与时间成反比，工期变短直接费用增加。间接费用是指辅助完成项目产品实体所必须消耗的费用，主要包括企业管理费，与直接费用不同的是，间接费用和时间成正比关系，工期缩短，间接费用因管理时间变短相应也减少。

因此，直接费用和间接费用之间具有负相关的性质，其中直接费用随着工期的缩短不断增加，间接费用随着工期的缩短在不断减少，直接费用与间接费用的总和与时间在费用时间图中是个开口向上的抛物线，并且必定有一个工期时间点，此刻两者的费用总和最少，就是费用优化所寻求的目标，此时对应的工期是费用优化下的最优工期。

三、进度（工期）与成本的集成优化

在进行进度与成本优化之前，首先应该对两者的关系进行了解分析。施工进度与工程费用的关系是相互依靠、相互对立，关系密不可分的。由于工程费用与工程进度息息相关，所以费用通常被看成是最能够反映到施工企业的利益的因素。项目工程中总成本，即总费用的计算公式是直接费用和间接费用之和，也就可以认为工程进度与费用的两者关系可以分解为进度、直接工程费用、间接工程费用这三者之间的关系，具体的关系如图2-1所示[1]：

---

[1] 本节图片引自侯龙文，邓明政. 房地产·建筑精细化成本管理. 北京：中国建材工业出版社，2018.

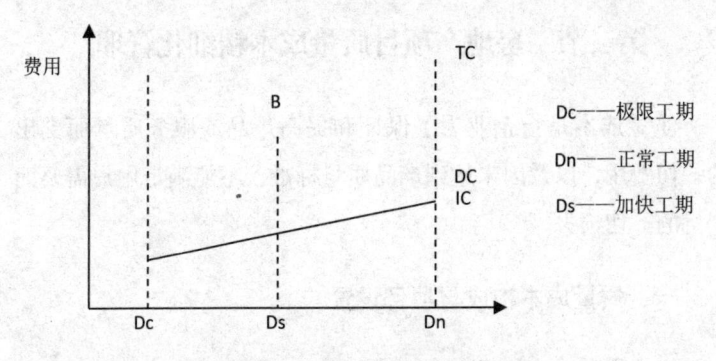

图2-1 工程项目工期与费用关系图

通过工期与费用的关系图可以直观地看到，间接工程费用与工期的关系是直线递增的，随着项目工期的延长其费用也在不断增加，相反要不断地压缩工期的同时，间接费用也会随之递减。与间接费用的线性关系不同，直接工程费与工期成曲线递减关系，费用会随着工期的进行而不断减少，也就是说要对工期进行压缩的话，那项目对工程直接费用的花费就会增多。项目的总费用是直接和间接这两者费用之和，而这两者与工期的关系前者是曲线递减，后者是线性递增，所以在总费用与工期的关系是一条有增有减的曲线，在进行进度—费用优化时，在对工期不断优化的过程中，其工期不能低于图中的 D_s 点。综上所述，可以对进度与费用优化的原理进行总结：其在优化的过程中的关键点就是寻求在进行工期优化的时候，直接费用增加幅度最小的项目工作，然后将工作的持续时间不断地进行压缩。当然在工作持续时间与费用的不断变化中，间接费用这一因素的作用也得顾虑到其与工期的线性递减关系对优化结果的影响。

第二节 房地产项目质量成本精细化管理

质量成本是指企业为了保证和提高产品或服务质量而支出的一切费用，以及因未达到产品质量标准，不能满足用户需要而产生的一切损失。

一、质量成本构成与项目设置

(一) 质量成本构成

质量成本包括运行质量成本和外部质量保证成本，其中运行质量成本包括预防成本、鉴定成本、内部保障成本和外部保障成本。

(二) 质量成本项目设置

1. 质量成本的精细化设置

我国各行业在推行质量成本制度的过程中，设置了不尽相同而又基本一致的质量成本项目。我国国家标准《质量成本管理导则》GB/T 13339-1991 规定的质量成本科目是：一级科目——质量成本；二级科目——预防成本、鉴定成本、内部损失成本、外部损失成本，如有特殊要求时增设外部质量保证成本；三级科目共21项，具体如下：

· 预防费用又分为质量培训费；工资及职工福利基金；质量管理活动费；质量改进措施费；质量评审费。

· 鉴定成本又分为质检部门办公费；工资及职工福利基金；产品试验费；检测设备的折旧费。

· 内部损失成本包括不合格品损失费；返修费；降级损失费；停工损失费；产品质量事故分析处理费。

·外部损失成本包括索赔费；退货损失费；折价损失费；保修费。

·外部质量保证成本包括质量保证措施费；产品质量证实试验费；评定费。

各项质量成本明细分析见表2-1所示[1]。

表2-1 各项质量成本明细分类表

科目	子科目	归集内容	费用开支范围
预防成本	质量培训	未达到质量要求和持续改进目的而进行提高员工质量意识和业务水平培训的费用	—购置资料、书籍、文具 —外聘老师费用 —外培费用（含差旅费） —内培费用
	质量管理活动费	为推行质量管理活动所支付的费用，包括编制质量手册、程序文件、管理标准和质量管理人员	—管理咨询费 —员工激励费 —质量管理人员办公费
	质量改进措施	为控制、保证和改进产品质量而产生的费用	—小型设备添置费 —工资添置费 —检测手段改进费
	质量评审费	企业内/外部（第二、三方）质量审核（过程、产品、体系）对分供方评审费用	—第三方论证费 —第二方评审接待、差旅费 —外出评审费
	工资及福利费	从事质量管理人员的工资总额及提取福利费	—质量管理人员
鉴定成本	检验、测试费用	对采购件和生产过程中半成品、成品进行检测所发生的费用	—检具制作费 —委外检测费 —外出检测费 —原辅材料、能源消耗（含零件破坏性试验）

[1] 本节表格引自侯龙文，邓明政．房地产·建筑精细化成本管理．北京：中国建材工业出版社，2018.

续 表

科目	子科目	归集内容	费用开支范围
	检测设备维护、校准、折旧费	计量检测设备、仪器、检具维护、校准、折旧费用	—大、中、小修和维护保养 —校准(含委外)费用 —折旧费
	办公费用	为开展日常检验、试验工作检测人员办公费用	—检验人员办公及印刷品费用
内部损失成本	工资及提取福利费	从事产品检验测试及计量人员工资总额及提取福利费	—工资总额及提取福利费
	废品损失	出厂前的产成品、半成品及在制品因质量不符判为废品的	—产品价值(标准成本)
	废料损失	采购入库的原辅材料及零部件因质量不符判为废品的、工程设计变更造成的废料损失	—产品价值(标准成本) 若有索赔应冲减
	返工返修费用	使不合格品达到质量要求而进行返工费用	—返工返修工时(含重复检验)费用
	停工损失费	因质量问题造成停产整顿、停工影响生产损失	—按净产值损失计
外部损失成本	索赔费	产品销售后因产品质量责任用户、第三方申诉进行赔偿、处理费用	—赔偿金、罚金、处理费用 —处理过程差旅费
	退货损失	因产品质量用户退货、挑换所造成损失	—包装、运输损失
外部损失成本	折价损失	因产品质量造成降价销售所造成损失(包括运输事故及货龄原因造成的折价销售损失)	—差价损失 —处理过程费用
	售后服务费	因产品质量而为用户提供服务费用	—更换零部件费 —运输、差旅费 —三包服务人员工资福利

目前，我国质量成本科目的设置大体可归为四大类二十项。为使核算范围明确，每个质量成本项目都有明确的定义、范围和所包含的内容。主要项目的名称和内容具体有如下几点：

第一，预防成本。指为了保证和提高产品质量、防止故障等采取预防措施所发生的费用。具体包括6项内容：①质量培训费，为达到质量要求，提高业务人员素质，对有关人员进行质量意识、质量管理、检测技术、操作水平等方面的培训费用。②质量工作费，企业为了保证和控制产品质量，防止质量故障，开展质量管理所发生的办公费，宣传、收集情报费用，编制质量管理手册、制定质量计划及质量标准，开展QC小组活动，进行工序能力研究，开展质量管理达标、升级，组织质量信得过活动以及质量审核等所支付的各种费用。③质量改进措施费，包括建立质量管理和质量保证体系，提高产品及服务质量，改进产品设计，调整工艺，开展工序控制，进行技术改进的措施费用。④质量奖励费，为改进和保证产品质量而支付的各种奖金。如QC小组成果奖、产品升级创优奖、质量管理的劳动竞赛奖以及有关质量的合理化建议奖等。⑤产品评审费，指新产品设计、研制阶段对设计方案评价、试制产品的质量评审所发生的费用。⑥质量管理专职人员工资及附加费，指质量管理科室和车间从事专职质量管理人员的工资及附加费（包括职工福利费及工会经费）。

第二，鉴定成本。指对产品和形成产品的原材料及半成品进行检测，以评价其是否满足规定的质量要求所需要的费用，具体包括4项：①检验试验费，指对进厂的材料、外购、外协件、配套件、工器具以及生产过程中的半成品、在制品及产成品，按质量标准进行检测、试验以及设备的维修、校正所发生的费用。②

检验试验办公费，指为检验材料、零部件、产成品所发生的办公费用、参考资料等费用。③检验测试设备及房屋折旧费用，指质量检测设备、仪器以及质量检测用房的折旧费用，还包括其大修理费用。④工资及附加费，指专职检验人员的工资及附加费（包括应付福利费及工会经费）。

第三，内部损失成本。指产品出厂前因未达到规定的质量要求而支付的费用，具体包括5项内容：①废品损失，指无法修复或在经济上不值得修复的在制品、半成品及产成品报废而造成的净损失。②返修损失，指对不合格的产成品、半成品及在制品进行返修所耗用的材料、人工费等。③产品降级损失，指产品因外表或局部的质量问题，达不到质量标准，又不影响主要性能而降级处理的损失。④停工损失，指由于质量事故引起的停工损失。⑤事故分析处理费，指对质量问题进行分析处理所发生的直接损失费用。例如，判定不合格品能否使用所进行的处理工作而发生的费用，或由于抽样检查不合格进行筛选的费用。

第四，外部损失成本。指产品出厂后因不满足规定的质量要求而导致的索赔、修理、更换或信誉损失等支付的费用，具体包括5项内容：①索赔费用，指根据合同规定，在产品出厂后由于质量缺陷而赔偿给用户的费用。②保修费，指根据合同规定或在保修期间为用户损失修理服务所发生的费用。③退货损失，指产品出厂后，由于质量缺陷造成用户退货、换货而支付的损失费用。④产品降价损失，指产品出厂后，因为低于规定的质量标准而进行降价处理所造成的损失。⑤诉讼费，用户认为产品质量低劣，要求赔偿，提出申诉，企业为处理申诉所支付的费用。

二、质量成本精细化设置

按照《质量成本管理导则》，我国质量成本项目可以设置为三层指标体系，房地产企业通过借鉴该导则，再根据其企业特征可以建立测算指标体系，见表2-2所示。

表2-2　质量成本科目设置

一级分类科目	二级分类科目	三级分类科目	科目明细
质量成本	直接质量成本	预防成本	土地勘探费；房屋设计费；调研费；可行性分析费；人员培训费；人员工资及奖金等费用
		鉴定成本	建筑物测试、试验费；质量认证费；进货检验费；工序检验费；质量监督费；人员工资及奖金等费用
		内部损失成本	建筑物不符合质量要求发生的返工、返修、报废物料费和人工费；损失费；分析处理费等费用
		外部损失成本	建筑物质量达不到要求而发生的赔偿费；诉讼费；退还费；折价费；外场服务费等费用
	间接质量成本	顾客遭受的损失	建筑物质量不符合顾客要求而造成顾客的损失（主要是指过剩质量）
		顾客不满意成本	顾客对建筑物不满意而导致的市场和销售损失以及附加的各种费用
		信誉损失成本	信誉损失导致的顾客流失、销售机会丧失、股价下跌等

三、质量成本损失因素与损失源

(一) 质量成本损失影响因素

对产生质量成本的原因进行分析，找到质量成本的影响因素是十分必要的。分析质量成本要素的产生原因，并不是为了在质量成本发生时作为追究责任和实施处罚的依据，而是为了找到质量成本的控制点，为彻底消除质量成本提供参考。根据精益思想的基本要求，质量成本管理的范围包括创造质量的整个质量链。因此对质量成本产生原因的分析分为内部分析和外部分析。内部分析指的是建筑施工对质量成本产生的影响。外部分析指的是对建筑企业之外的相关主体进行分析，包括业主、设计单位、材料供应商和监理对于质量成本的影响。[1]

内部损失受到多方面因素的影响，其产生的最主要原因是在施工生产过程中没有一次性做好，导致部分项工程出现质量问题，形成内部损失。内部损失产生的原因极其复杂，并且会对施工企业产生十分重大的影响，同时建筑产品的质量问题还会影响到外部损失，因此对内部损失的管理是施工企业质量成本管理的一个重点环节。

内部损失影响因素包括五个方面：①业主结算工程价款不及时，片面要求缩短工期。②设计单位勘察不到位，设计方案有缺陷，未反映业主的需求。③材料供应商供应的材料存在质量问题，并且供应不及时。④施工企业施工人员缺乏质量意识、技术水平有限；施工企业建筑材料出现存储损耗、搬运损耗、误用材

---

[1] 刘虹．房地产企业成本管理中的问题与对策研究[J]．大众投资指南，2018(15)：143+145．

料等问题；机械设备故障、设备操作人员水平有限；片面追赶工期、盲目压缩成本、质量目标不明确、次级分包商管理体制不完善；施工组组织进度计划缺陷，施工方案选择不当；施工现场管理不善。⑤监理人员的失职。

(二) 质量成本损失源

1. 分析工具

质量成本分析的方法有很多种，在进行质量损失成本发生原因分析时应采用因果图分析方法。因果图又叫特性因素图，因其形状颇像树枝和鱼翅，也被称为树枝图或鱼刺图，它是把对某项质量特性具有影响的各种主要因素加以归类和分解，并在图上用箭头表示其间关系的一种工具。由于它使用起来简便方便，在质量管理活动中应用广泛。

因果图大体上有三种类型，即问题分解型、原因罗列型和工序分类型，根据建筑施工企业的特点，将采用问题分解型对质量损失成本产生的原因进行分解。该类图的做法是沿着出现问题的原因层层细追下去，依次做出大枝、中枝、小枝、细枝，并标上相应的大原因、中原因、小原因和更小原因等。房地产项目的质量损失成本按照发生的原因一般可分为施工损失成本、合同损失成本和工作质量损失成本、环境损失成本等。

2. 质量成本损失类型和损失源分析表

质量损失类型与损失成本源分析表将建筑施工企业质量损失成本按照损失成本发生的原因分为施工损失成本、安全损失成本、合同损失成本以及工作质量损失成本四类。它们的发生位置、原因不同，处理方法各异。经过研究，这四类损失成本基本可以囊括建筑施工企业的一切质量损失成本类型：每类损失成本

类型的原因都有若干项，分别做了框架与细分的两层分析，并根据细分损失原因进行损失成本源的归集。由于建筑质量问题具有损失成本源不单一的特点，所以损失成本源有时必须使用"序列"来进行分析。

损失成本源序列是按照损失成本源的责任重要程度进行排列，便于分清主次。备注栏对损失成本源的确定做了必要说明，见表2-3所示。

表2-3 质量成本损失类型与质量损失源分析表

损失类型	损失原因		损失源序列			备注
	框架	细分				
施工质量损失	勘察设计问题	勘察报告缺陷	勘察单位			技术负责人为目施工质量总负责人，因而任何施工质量问题都可以视其为损失源之一
		施工图纸设计缺陷	设计单位			
		施工方案设计缺陷，实施中修正缺陷	技术负责人			
	施工问题	未按设计图纸要求施工	工长	施工员	项目经理	
		未按施工方案要求施工	工长	施工员	项目经理	
		未按施工规范与操作规程施工	工长	施工员	项目经理	
	机械材料问题	机械故障未检测或未检测出	计量员	机械管理员	项目经理	
		材料质量不合格	材料员	施工员	试验员	

续表

损失类型	损失原因 框架	损失原因 细分	损失源序列			备注
	非自身问题	业主设计变更、工程款给付不及时等	业主			
		使用不当	使用者			
		不可抗拒自然力	自然			
安全质量损失	安全计划问题	安全管理程序文件缺陷	安全部门			项目经理为项目安全总负责人
		安全管理组织结构缺陷	安全部门			
		安全管理措施不完备	项目经理			
	安全实施问题	措施未实施或实施不当	项目经理			
合同质量损失	合法性缺陷	合同与当地政策法规等规定偏差	合同审计部门			
	风险性缺陷	自有资金使用风险估计不足	合同审计处	预算处		
	严谨性缺陷	存在条款缺陷导致索赔与反索赔等不利	合同审计部门			
	同级分包商责任归属缺陷	由于现行工序缺陷造成本方工程质量损失	技术负责人	合同审计处		
	下级分包商资质审核缺陷	使用资质不足的分包商分包工程	合同审计处	预算处		

续表

损失类型	损失原因 框架	损失原因 细分	损失源序列		备注
工作质量损失	工程职能划分缺陷	职能划分不清或存在责任空白	最高管理者	部门负责人	分别为公司、职能部门、项目部工作质量损失等
	工作流程制定缺陷	工程流程实施性不强或存在资源浪费	最高管理者	部门负责人	
	流程执行实时性缺陷	流程环节衔接实时性不强	最高管理者	部门负责人	

3. 分析流程

在项目建设过程中，通过对质量损失成本进行分析，可以查明是哪些因素、从哪些方面、在多大程度上影响公司的经济效益，以便采取有力的措施纠正偏差、改进工作，从而在提高生产、技术和经营管理水平的基础上，获得更高的经济效益。因此，对质量损失成本的系统分析是至关重要的，一般损失成本的分析要遵循5W2H，即什么（What）、哪里（Where）、什么时候（When）、为什么（Why）、谁（Who）、多少（How much）、怎样（How）。分析质量损失成本的主要目的是找出造成损失的原因，在项目建设过程中，从损失成本的各项费用组成内容可知，造成损失的原因是多种多样的，在工程项目的建设过程中，不同部门、岗位的工作失误都会产生质量成本，为此必须尽快找到成本源，以便制定纠正和预防措施，降低质量损失和防止类似问题的重复发生。

因此，质量成本损失源的归集问题显得格外重要，研究质量成本源的归集问题不是为了在出现质量问题之后去追究责任，而

是为了更有效地找出导致质量问题发生的原因，从而帮助相关部门和人员尽可能预防质量问题的再发生，或者已出现问题时能尽快消除。

四、质量与成本之间的关系

质量成本管理的重点就是权衡质量与成本之间的关系。但很多房地产企业在成本和质量管理的认识上存在误区，未能充分认识产品质量和成本之间的辩证统一关系。

(一) 矛盾关系

在企业中，企业生存和发展的最终目的是追求利润，可是很多企业为了追求利润的最大化，竭力降低成本，以致产品质量得不到保证，最后反而危及企业的生存和发展。对于任何一个企业而言，如何降低运营成本进而增强企业本身的竞争力，实现既定的市场战略规划要求，成为企业经营管理者所要面对的首要问题，究竟如何才能兼顾产品质量和成本是许多企业需要解决的难题。

降低产品成本与提高产品质量是相对矛盾的，质量管理需要支出一些相关费用。一味地降低产品成本，可能会对产品质量产生影响，若由此造成了大量的次(废)品，降低产品成本反而会得不偿失；另外，若一味地提高产品质量，可能会加大产品成本的投入，同时也可能会导致产品的质量过剩，造成不必要的浪费。

因此，企业应该在既能保证产品正常的使用价值不受影响，又能避免产品的"质量过剩"的情况下，对产品质量进行合理定位，并将其作为产品质量管理的刚性原则。在此基础上，尽可能地节省开支，降低消耗，以达到最大限度地降低产品成本，使得提高产品质量与降低产品成本这一矛盾由对立变为统一。

(二)关联关系

在项目进行过程中,各要素之间具有连续性和相关性,其关系可以用下面的公式来表示:Q=F(T, C, S, P, E)。没有质量,也就没有数量和效益,项目质量是项目管理五大控制的重点,项目质量永远是考察和评价项目成功与否的首要方面。在五要素中项目质量是第一位的,没有质量就谈不上其他目标要素的管理,质量好坏必然影响进度和成本,质量不好会引起严重的返工浪费,浪费大量的人力、物力、财力,造成重大的经济损失。

(三)平衡关系

质量成本管理的最终目标是把质量货币化,质量成本也是产品成本的一部分,质量货币化、质量的改进、成本的降低、效益的提高,这些都是紧密联系在一起的。质量成本控制从保证产品质量的相关费用和未达到既定质量标准的损失出发,目的在于以最少的质量成本投入取得最大的经济效益。一般情况下,成本会随着产品质量的改进而有所增加,这样产品的价格也会随之增加。但当价格上升到一定程度后,就会对顾客的购买力造成影响,价格就不能再随产品质量的提高而上升。这就说明企业若一味地追求产品高质量,成本就会上升,而价格不能持续增长,从而就导致利润的相对降低。但二者其实是存在一个平衡关系的,即当企业产品的质量成本投入相对较低的时候,而价格相对较高,此时不仅能保证最合理的产品质量,也能实现最佳利润。

因此,企业可以根据市场需求来保证合理的产品质量,从而使企业获得最佳利润空间。

(四)"合理质量观"思想下的协调关系

"合理质量观"更加突出质量成本管理的经济效益原则,它

严格区别于传统的质量观念，是一种较为先进的管理思想，同时也为完善质量成本概念提供了理论基础。一方面，为了满足顾客需要，企业必须保证质量；另一方面，为了赢得利润，减少成本消耗，企业又不能盲目地提高质量。"合理质量"有效地解决了这个问题，这个合理的"度"既能满足顾客需求又能减少过高质量所带来的不经济行为，从而满足顾客与企业的双方利益。这才是现代质量成本管理所要达到的目标。如何把握"合理质量"的深层内涵，主要在于实现四个方面的平衡。

第一，保证质量不足与质量过剩的平衡。过去由于生产技术的限制，产品生产多存在质量不足的问题，但随着科学技术的发展，人们几十年来在质量管理上的不懈努力，现代产品的质量已有明显提升。质量管理、质量成本管理都是以质量不足为管理的重点，社会逐渐实现产品质量的整体性提高，于是质量过剩的问题逐渐显现出来。而企业产品的质量过剩就意味着成本的损失浪费，这种情况的变化决定了不能再忽视"质量过剩"问题。因此应考虑质量不足与"质量过剩"的平衡，更加注重对成本的控制和对经济效益的提高。

第二，保证产品部件间的协调平衡。"合理质量"要求针对同一产品的不同部件尽可能地实现相同或相近的质量水平。一般情况下，如果一件产品的关键功能部件因达到自然报废时间而发生损坏，往往使整件产品发生报废，而其他部件被分解并继续使用的可能性较小。因此，关键部件的质量保证期限就决定了整件产品的使用期限，那么，其他部件若能够超过该产品关键功能部件的使用期限，也可视作为一种"质量过剩"。"合理质量"要求的最佳状态是同一产品的各种不同部件达到相同或者相近的质量水平，

使用期限尽可能地趋于一致，从而减少不必要质量所消耗的成本。

第三，保证产品更新周期与质量保证期的平衡。在科学技术发展与市场竞争下，新产品层出不穷，新技术和新方法促使产品开发周期和生命周期日趋缩短，也更加强化了"合理质量"的重要性。一方面在追求高品质的产品，且耐用性是高质量的标志。企业在"以质取胜"的引导下，不惜花费大量的成本投入，研发耐用性好、质量高的产品。另一方面，产品更新速度的加快，使消费者的消费观念发生转变，逐渐要求产品的多样性，耐用性不再是决定产品高质量的唯一标志，产品在市场上被淘汰的速度也在加快，而企业在提高产品耐用性方面的高成本投入得不到相应的回报，所以不可避免地受到损失。"合理质量"要求产品的质量保证期尽可能地与产品更新换代的周期保持一致，从而形成动态平衡，避免由过高质量而带来成本浪费。

第四，保证客户需要与产品质量水平之间的平衡。企业在激烈的竞争中能够生存和发展的前提就是满足顾客需要，这也是社会生产的目的。因此，质量管理必须始终以顾客的需求为根本，同时也应以达到顾客期望的质量水平为最低界限。应当明确，质量如果不被顾客所认知和接受就会产生无效质量或不必要质量。产品或服务的质量如果达不到顾客的需求就不能为顾客所接受；而当产品或服务的质量超出了顾客的期望，虽然它目前可能实现了顾客的需求，但后续也可能失去提高产品潜在的质量水平。

五、质量成本精细化管理控制

进行质量成本分析，找出影响质量成本的主要因素之后就是采取预防和控制措施，对成本进行控制。控制是通过一定手段，对质量成本的实施过程施加影响，使之能按预定的目标或计划进行的过程。实施控制的目的，就是要使计划的实施达到最佳状态。为了使质量成本计划指标任务的顺利完成，就必须对质量成本的日常活动按制度、标准、责任进行控制，及时发现问题，迅速展开原因分析，采取有效措施，巩固成绩，纠正缺陷。因此，质量成本精细化控制也是质量成本管理中的关键环节，如果不对质量成本实施过程和活动进行控制，就不可能使成本计划顺利得到实施，不能保证质量成本目标的实现。

质量成本精细化管理，采用流程化、标准化、信息化和数据化等手段，结合企业的自身特点，使各工作部门高效率运行，并且在既定的生产经营状况下，对质量成本的发生和核算进行有效控制，使质量成本达到最低，由此为企业创造收益。

质量成本精细化是将企业的质量成本精确化、明细化。"细"是手段，通过精细化操作、控制、核算、分析达到"精"的目的，"精"强调准确把握过程控制中出现的关键控制点，制定精密的工作标准，实施全方位、全流程的管控。提高公司内部精细化管理标准，有利于克服粗放式管理的弊端，解决企业内部存在的由预算不准确、控制力度不到位和考核准则不严密所导致的产品成本虚高的问题。

从企业员工的角度来看，其经济效益与员工的个人利益息息相关，企业进行精细化管理，实现可持续发展，发挥低成本创造高收益的优势才能使员工的个人利益得到长久保障。企业通过对质量成本进行精细化管理控制不仅能够保证企业降本增收，同时还使企业在日益激烈的市场竞争中创造更多的收益。

（一）精细化管理组织架构

根据精益质量成本管理体系的基本原则、原理，建立以企业为核心、包含设计单位和材料供应商的"动态联盟"。以"动态联盟"的形式，完成对质量链上房地产建筑企业的整合管理，弱化质量在企业间传递时的不确定性因素，在保证建筑质量的基础上，持续不断地控制降低质量成本。精益质量成本管理组织架构体系如图2-2所示[①]。

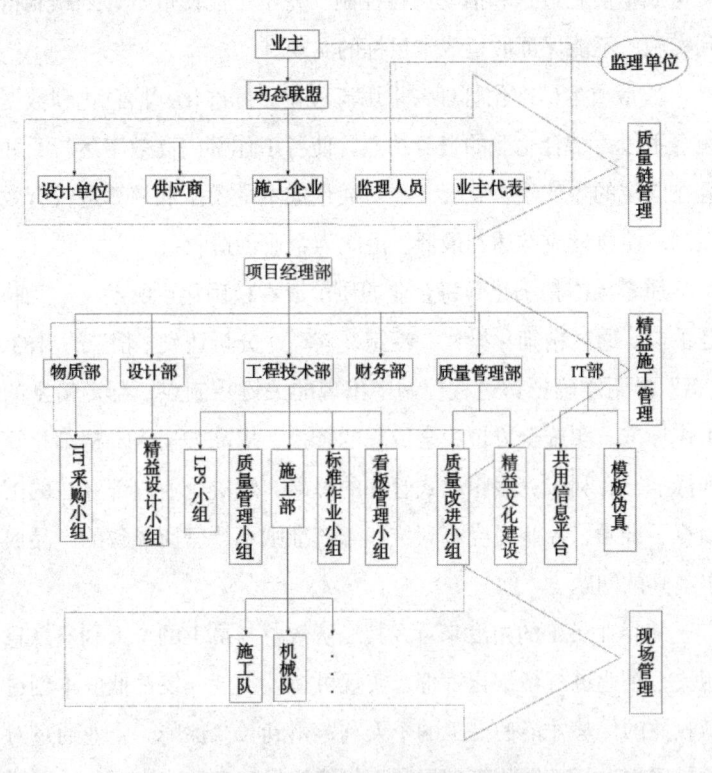

图2-2 质量成本组织架构体系

① 本节图片引自侯龙文，邓明政．房地产·建筑精细化成本管理．北京：中国建材工业出版社，2018．

(二) 精细化管理体系

传统建筑质量管理体系虽涉及对供应商的进货检验和对用户问题的处理，但主要关注的是企业内部各个环节特别是施工环节的质量控制，对外部供应链中所涉及的产品设计、原材料供应商、工程分包承建商、销售代理商以及物业服务质量等缺乏系统高效的一体化控制。一旦供应链上某个环节出现质量问题或某几个节点出现偏差，将会使最终建筑产品出现较大的质量缺陷。

在房地产建筑项目中，业主、销售商、承包商、分包商、物流服务商和供应商等多个企业参与到工程质量的形成过程。业主（包括销售商）是整条质量链的需求源，正是他们需求的提出和资金的注入才启动了质量链的运作。核心企业（包括承包商、分包商，甚至设计单位）一方面将质量需求进行技术和管理上的细化，把一部分质量需求传递给供应商；另一方面将供应商的质量输出和自身设计施工质量汇总形成工程总质量并输出给业主。供应商接收到质量需求，并将需求转化为质量输出。质量流是以信息流、物流、资金流等为载体在质量链上流动传递，形成一个闭环的工程质量链，如图2-3所示。

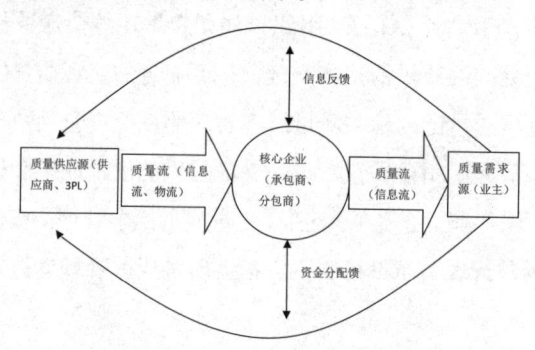

图2-3 质量链结构模型

从图2-3可以看出，闭环工程质量链是业主需求为导向、核心企业为关键、三方共同建设的质量链。所以，工程质量链管理，就是核心企业、各个供应商以及业主共同面对质量需求，使质量流以信息流、物流、资金流为载体高效畅通地流动，在统一标准和平台上保证工程质量。

根据精益质量成本管理体系的基本原则、原理，房地产建筑企业必须将质量成本管理放置于质量链管理的框架之下，将质量成本管理的范围延伸到整个质量链，加强质量链上各个成员之间的协同关系，以持续消除质量成本损失为目标。质量链管理的三个维度分别为组织群质量链、质量流程和内部质量链。从企业的内部来看，质量链起源于顾客需求和市场调研与分析，还包括了产品设计开发、产品制造、产品交付和客户服务等与质量有关的全部过程。在形成产品过程的同时也形成了质量流。

内部质量链是将企业根据职能分为三个层次：①公司层主要负责企业质量管理战略的策划；②执行层负责企业质量管理的具体实施、控制和改进过程；③基础层是指为质量管理提供服务的。质量流程就是企业质量链管理的具体实施流程，包含企业质量链的各个环节和各个部门。"组织群质量链"在整个产业链上的上下游企业之间的质量衔接和配合，是产业链的宏观质量链流程。因此，基于质量链的精益质量成本管理体系应当包括协同设计单位和供应商实施精益质量管理，保证提供的设计成果和建筑材料的质量；辅导施工企业（承建商）进行质量成本管理；在建筑施工作业现场进行现场质量控制，为精益质量成本管理创造条件和基础。

房地产企业精益质量成本管理体系的实施需要整合房地产

开发的整条质量链，将质量链上的各个企业紧密地联系在一起，通过业主的质量需求拉动施工生产的实施，在质量链的各个环节不断地创造质量价值、削减质量损失浪费、降低质量成本，最终建造出令业主满意、住户满意的住宅产品。

六、质量成本控制措施

房地产开发是对土地开发、原材料购买、建筑物前期开发、建造过程到环境设计、建筑物出售、物业管理的整套服务。从此定义可以看出整个房地产企业的业务流程主要分为开发阶段和施工阶段。依据这两个阶段制定相关措施如下。

（一）开发阶段

前期设计开发阶段要综合考虑各个方面的因素，比如房屋结构、面积大小、功能合理、经济适用、环境好坏以及装修水平等等，现在社会大力提倡以人为本、和谐人居，这就要求房地产企业在建筑物设计阶段就要重视房屋居住的舒适性、生活的方便性、结构的合理性等。基于 6Σ 质量管理水平下的开发阶段的质量成本，就是要在满足客户需求的前提下使得各影响因素得以均衡，并且性价比较高，这才是此阶段进行质量成本控制需要着重考虑的。由于开发阶段属于房地产企业的前期阶段，此阶段主要是预防成本。具体内容有以下几个方面：

第一，做好顾客满意度调查，选定目标客户群。在此阶段质量成本一般包括预防成本和鉴定成本，具体包括土地勘探费、房屋设计费、调研费、可行性分析费等，大部分属于预防成本。设计阶段的质量成本越高房地产企业建筑物的质量水平也就越高，但是不同的需求人群对建筑物质量水平的要求也有所不同，不

能一味追求豪华设计,要秉承适用性原则。因此,在这个阶段要进行顾客满意度调查,要进行以顾客满意度为前提的质量成本控制,以顾客满意水平来调节和控制这一阶段的质量成本,尽量在开发阶段进行科学规划,防止之后产生一系列的损失成本。

第二,提高设计人员设计质量水平。房地产企业设计人员的设计水平关系到建筑物构造是否合理、面积大小是否符合目标顾客群、居住是否舒适等顾客切实的利益,所以拥有较高设计水平的设计人员能更科学地按照目标顾客群来设计建筑物,这样不但可以更加接近顾客群所要求的水平,而且也在一定程度上减少由于设计人员问题造成的建筑物设计水平低或不符合要求而带来的损失。

例如,由于设计水平问题,使得企业在施工阶段要不断返工甚至徒劳无功,造成大量浪费,使施工阶段的质量成本急剧上升。另外,高水平的设计人员可以走在设计尖端,熟悉大众所喜爱的建筑物设计风格,引起顾客的购买欲望,这对于房地产企业来说也是提高竞争力的有利方面。

第三,减少设计质量故障损失。在设计阶段也会出现一部分损失成本,例如设计故障成本,指在设计阶段因设计出现问题造成停产、返工等损失。设计阶段尤其重要,要在整个项目开始运作之前对时间、程序、人员等安排妥当,尽量不要出现设计时间延后、人员出现问题等情况,避免由于时间、程序等问题影响到后边的施工阶段。所以,设计阶段要按时按计划完成,否则不但会造成设计阶段质量成本增加,而且还会为企业的以后工作造成影响。

第四,严格控制建筑物设计的论证、评审、试制、试验等费用。建筑物设计的论证、评审、试制、试验等费用可以使设计方

案达到科学合理,避免投产后因设计方案问题造成损失。但是不能无限制地增加预防与鉴定费用,比如在顾客满意度调查时可以采用成本相对比较低的手段(问卷调查),进行专家讨论时也可以增加一部分员工来发表自己的看法,这样不但可以听到民众的意见,促进员工积极参加到企业的质量管理中来,而且在一定程度上也减少费用支出。尽量减少设计阶段无谓的成本,使得每一分钱都用在关键环节,不出现浪费的现象,只有从一点一滴做起,才能使企业一步一步走向成功。

(二) 施工阶段

施工阶段是房地产企业整个建造过程的重中之重,并且由房地产企业特殊性质决定企业的产品即建筑物必须是合格品,因为这关系到人们的生命财产安全,所以这个阶段是产生质量成本最多的一个环节,这个阶段的质量成本包括进货和工序检验费、测试试验费、返工返修的人工物料费、损失费等,主要是鉴定费用和内部损失成本。可以看出在施工阶段损失成本占了很大比例,若是将损失成本控制得当,将会大大减少质量成本总额。具体内容有以下几个方面:

第一,高度重视质量成本损失源的分析。建筑物建造过程质量成本控制主要考核质量故障成本,要建立质量损失成本源分析表,在表中要详细列出损失的类型、金额、原因以及责任人。具体程序是:①根据会计科目与质量记录,将施工质量损失归入施工质量损失成本源分析表,在项目部层面上寻找质量损失成本源;②结合质量损失分析原因,将项目层面损失成本源通过组织对应表向企业职能部门层面归集,寻找施工质量的企业层面的损失成本源;③将其他质量损失成本归集进入质量损失类型与原因分析表，按照质量损失类型与原因分析表将各类损失成本源归集到企业层面；④通过质量损失成本源分析并采取相应措施减少损失成本，分清责任和出问题的环节，严格审查，加大控制力度。

第二，降低返工、停工损失，控制预算成本。房地产企业的产品不同于其他商品，其工期长、影响因素多等特点决定了建筑物的质量必须一次达到各项要求。建筑物的质量是在施工工序中形成的，而不是单靠最后检验出来的。因此，要降低返工、停工损失，一方面要控制工序活动条件的质量，即每道工序投入品的质量（即人、材料、机械、方法和环境的质量）是否符合要求；另一方面又要控制工序活动效果的质量，即每道工序施工完成的工程产品是否达到有关质量标准。这样对工序质量严格把关，据此来达到对整个施工过程质量的控制，从而降低质量内部损失成本。同时还要选择高素质的施工人员，才能保证施工阶段的产品质量，减少损失成本。

第三，健全材料验收制度、控制劣质材料额外损失。材料是构成工程实体的要素，它的质量和性能是直接影响工程质量的主要因素。在施工中，材料员应对到场的材料、构件进行正确计量、认真验收，发现劣质材料时要拒收、退货，并向供货单位索赔。因此，要对材料验收制定一系列规范的制度，要定期审核和随机抽查相结合，尽量避免不合格材料进入施工阶段，降低购入材料的损失成本；生产期间，房地产企业应进行定期审核，以促进卖方保持产品质量，降低材料消耗并对材料消耗前的质量进行管理，也是质量成本控制的重要方面。只有控制好原材料，才有可能建造出合格的建筑物。

第四，减少质量过剩成本。传统的质量成本概念只考虑了

质量不足所带来的成本,但实际上除了质量不足,质量过剩也是一种损失。这种损失也是一种质量成本。"质量过剩"的情况以前常被忽视,尤其是在竞争激烈的今天,房地产企业加大质量投入,想以高质量的服务获得更大的市场份额,但对加强质量成本的管理却有所忽视,这样容易造成"质量过剩",浪费资源。因此,房地产企业的质量成本控制应注重既能满足用户的要求,又能使企业获得较好的经济效益。在建筑建造中一味地追求高质量而不顾成本的做法是不可取的。

减少"质量过剩"成本采取的措施一般有两方面:一方面严格掌握定额标准,力求在保证质量的前提下,使人工和材料消耗不超过定额水平;另一方面,施工员和材料员要根据设计要求和质量标准,合理使用人工和材料。只有合理使用材料和施工,才能控制质量成本不会无限增加。

第五,重视事后检验与审核。要认真做好竣工后的质量检验、评定工作,严格审核,此时,检验与审核也是很重要的,只有防止不合格的建筑物流入顾客手中,才能减少对消费者带来经济损失和生命财产威胁,保证企业的产品质量水平,不但是对消费者的负责,也是对企业自身的负责,这样会减少无形的质量成本,保证企业信誉度。

第三节　房地产项目安全成本精细化管理

一、安全成本的分类

安全成本的构成是指将安全总投入按照每一个具体投入的使

用属性进行系统的归类，通过科学的归类，达到了解每一具体投入的经济属性和社会属性，建立可控投入的"固定成本"与不可控投入的"变动成本"的对应关系，明确"安全成本"的真实内涵，为财务核算账户的科学设置和管理人员进行安全投入对比分析奠定理论基础。建筑企业安全成本分类的方法有很多，可以根据分类的不同目的、要求分为不同的类型，主要可表现为以下三种：

第一，主动安全成本与被动安全成本。从建筑企业安全成本的概念可以看到主要分为两部分：主动支付的费用和被动承受的费用。主动安全成本是指在建筑安全生产活动中，建筑企业主动投入的与安全相关的费用，主要包括安全工程成本、安全教育成本、安全管理成本以及其他主动成本；被动安全成本是指因为安全事故的发生对建筑企业造成的被动安全投入，主要包括事故损失成本、事故处理成本、机会成本、社会成本、环境成本以及其他被动成本。[1]

第二，保证性安全成本和损失性安全成本。保证性安全成本是指为保证和提高安全生产水平而支出的费用。为保证安全生产，需要构筑安全工程、安装安全设备、采取安全管理措施、进行安全监督以及进行安全培训和教育等。所有这些活动，都要支出费用。这些费用就构成保证性安全成本的内容。一般情况下，保证性安全成本支付的意义，在于通过保证安全生产，提高企业的经济效益，这就决定保证性安全成本的控制必须以安全生产的必要性为前提。损失性安全成本是指因安全问题影响生产（或因安全水平不能满足生产需要），以及安全问题本身而产生的损失。

---

[1] 张馨.基于全面预算管理的房地产成本控制能力提升策略[J].企业改革与管理，2018(17)：166-167.

由于安全工程、设施有缺陷或运营不当、安全管理工作不利、安全监督及监测不及时，职工安全意识不高，违章作业等都会引起生产、设备、人员伤亡等事故，从而带来损失，这些损失就构成损失性安全成本的内容。一般来讲，损失性安全成本是企业因安全问题或安全保障程度不能满足生产的需求而付出的代价。

保证性安全成本包括安全工程费用和安全预防费用两部分。安全工程费用是为构筑安装安全工程、设施以及购置安全监测设备、仪表等支出的费用。其经济目的就是为实现一定的安全生产水平而提供基础条件。安全预防费用是指为运营安全工程的设施，进行安全管理和监督、安全培训和教育而支出的费用。其经济目的就是防止安全问题的产生，使保证性安全措施发挥应有的效能。

损失性安全成本包括企业内部损失和企业外部损失两部分。企业内部损失是指由于安全问题使企业内部引起的停工损失和安全事故本身造成的损失。企业外部损失是指因安全问题引起的发生在企业外部的损失和影响。保证性安全成本越高，安全工程、措施、管理防范越完善，安全问题越少，损失性安全成本越低。反之，保证性安全成本越低，损失性安全成本越高。

第三，显性成本与隐性成本。根据成本是否可以直接量化，可将建筑企业的安全成本分为显性安全成本和隐性安全成本。

显性安全成本是指在安全成本费用中可以直接量化的费用，这部分费用主要包括两类：预防费用和事故的直接成本。这两部分都可以直接在财务中反映出来。预防费用主要是指用于预防事故的发生或者说为了保证生产能在一定安全水平下进行而前期投入的费用。事故直接损失成本是指因为事故的发生造成计划外费用的支出。

隐性安全成本是指为了预防安全事故和事故发生后无法直接量化的投入和损失费用，主要包括四个方面的内容：企业其他投入成本、企业其他损失成本、社会成本和环境成本。

预防费用和事故直接成本的关系如图2-4所示[①]：

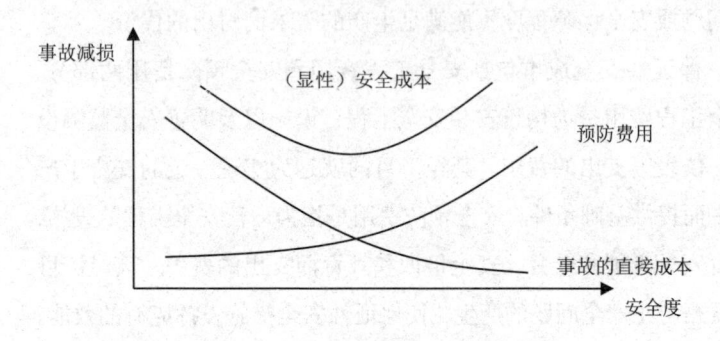

图2-4　安全成本组成与相互关系

从图2-4可以看到，随着安全预防费用的增加，事故的直接成本曲线逐渐下降，而安全成本曲线并不是逐渐下降而是呈U形变化。在预防费用曲线和事故直接成本曲线交叉左边，随着预防费用的增加，安全成本曲线是逐渐下降的，但过了这一交叉点后，安全成本却随安全预防费用的增加逐渐上升。

通过对安全成本的分类，其建筑安全成本构成如图2-5所示：

[①] 本节图片引自侯龙文，邓明政．房地产·建筑精细化成本管理．北京：中国建材工业出版社，2018．

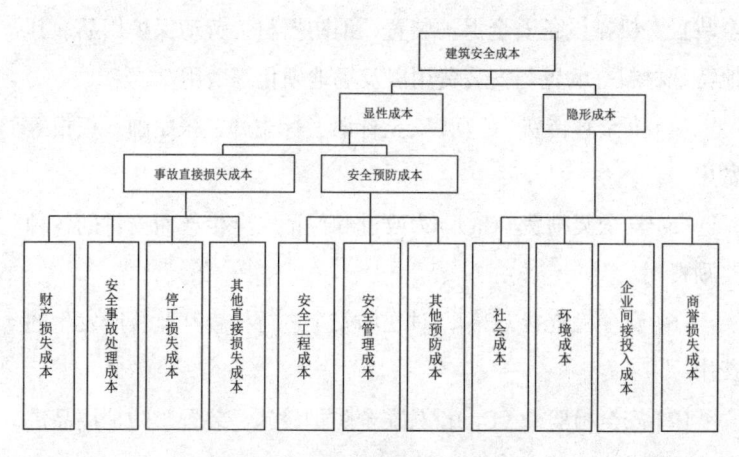

图2-5 建筑安全成本构成图

二、房地产建筑安全成本精细化设置

根据安全成本的构成内容，可将建筑企业安全成本划分为三级科目。一级科目：安全成本（C）。

二级科目包括：保证性安全成本（C_1）、企业内部损失安全成本（C_2）、企业外部损失安全成本（C_3）。

三级科目包括：

第一，保证性安全成本（C_1）。具体如下：

（1）安全管理费（C_{11}），为预防事故、保证安全生产、进行安全管理所发生的办公、宣传、搜集信息、制定标准（安全）、编制安全健康体系文件和展开各项安全活动等的费用。

（2）安全培训费（C_{12}），为达到安全要求，提高人员素质，对管理人员、操作人员进行安全意识、管理知识和操作规程等的培训费用（包括内外培训）。

（3）安全措施费（C_{13}），各类脚手架及防护设施材料、电气安

全装置、机械设备安全保护装置、消防器材、劳动保护用品、其他特殊材料等购置与安装费用以及场地硬化等费用。

(4) 安全宣传费(C_{14}),安全标语、标志牌、张贴画、板报等费用。

(5) 安全奖励费(C_{15}),为改进和保证安全生产而支付的各种奖励费用。

(6) 安全检查费(C_{16}),对现场安全进行检查和监督所发生的费用。

(7) 安全检验费(C_{17}),对安全防护设施、装置、防护用品进行检验所支付的费用。

(8) 安全保险费(C_{18}),社会保障费(养老保险、失业保险、医疗保险)、住房公积金、危险作业意外伤害保险。

第二,企业内部损失(C_2)。具体如下:

(1) 设施装置损坏费(C_{21}),安全防护用品、设施、装置丢失、失效后重设置或维修发生的费用。①

(2) 停工损失费(C_{22}),由于安全事故导致工程停工发生的各项损失费用。

(3) 事故处理分析费(C_{23}),由于处理有关伤亡事故和设备事故而发生的费用。

(4) 返工损失费(C_{24}),安全防护设置不安全而返工发生的费用。

(5) 复检费用(C_{25}),对返工后的安全防护设施装置进行重新检验所支付的费用。

---

① 汤玲.浅析房地产开发项目融资成本管理控制[J].现代国企研究,2018(10):45.

第三,企业外部损失。具体如下:

(1)索赔费用(C_{31}),由于安全隐患或事故导致周围各方提出申诉而进行索赔处理发生的费用。

(2)诉讼费(C_{32}),由于安全事故问题而发生争议,导致诉讼发生的费用。

(3)罚款(C_{33}),由于安全防护与管理不到位等原因致使上级部门签发的罚款。

(4)维修费(C_{34}),由于施工造成周围人员和环境的不安全而进行维修或补偿的费用。

三、房地产建筑安全成本精细化核算方法

(一)分步双轨核算法

分步双轨核算法指共同使用企业生产经营活动的基础资料,分别按照产品的成本核算和安全成本的核算目的和规则,实行各自独立的会计核算,两种成本核算分开进行,形成分别的报表,如图2-6所示。

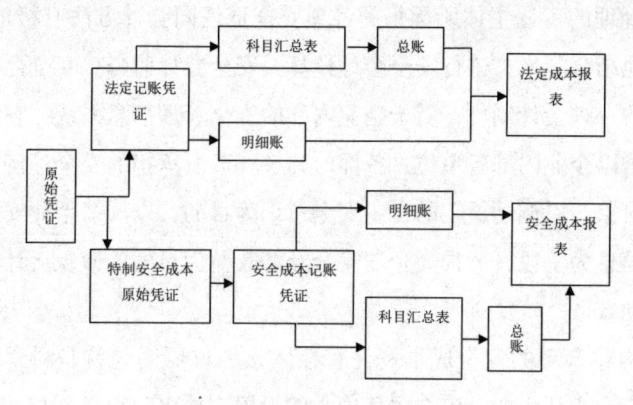

图2-6 分步双轨核算方法

(二) 同步单轨核算法

同步安全成本核算法是生产经营活动的基础资料同时满足法定成本核算和安全成本核算的要求，一个会计体系同时完成法定成本核算和安全成本核算，如图2-7所示。

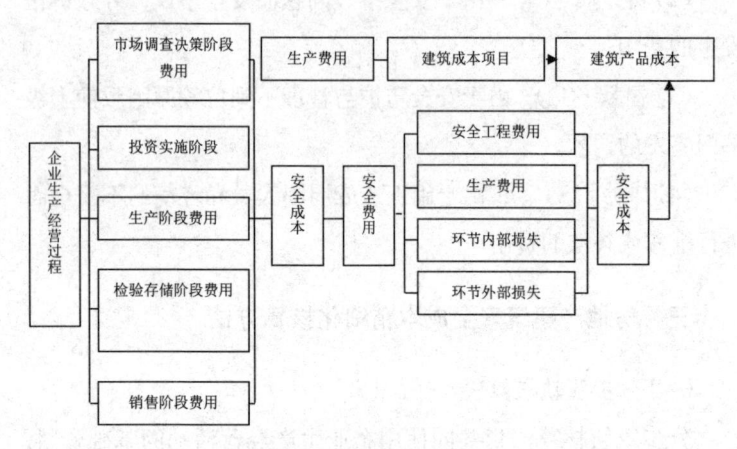

图2-7 同步单轨核算法

(三) 安全责任成本会计体系

安全责任成本会计的核心就是把企业各个实施预算管理和成本管理的责任主体所承担的各项安全责任同会计方法有机地、紧密地结合起来，进行安全会计核算、安全会计监督、安全会计反馈的一种会计制度，属于企业内部的安全管理信息系统。它的本质是以企业内部各单位、各部门和各环节所承担的安全经济责任为对象，以调动员工的自主安全意识为目的，以反馈企业安全经济信息为手段，为提高企业安全经济效益为目的的微观会计管理活动。

构建合理的安全成本责任管控体系的首要问题就是科学地划分安全责任中心。安全责任中心的设置应按责、权、利相结合

的原则和单位现有机构编制及内部管理层次、劳动组织来确定。根据建筑施工工艺及特点,将安全责任中心划分为以下三种:

第一,项目部安全管理责任中心。工程项目部既是本级的安全管理责任中心,又是下一级施工队的汇总部门和安全管理部门,其中心实际是以项目经理为最高领导者、组织者和责任人,项目管理班子协同进行管理,负责整项工程的施工安全管理工作。

第二,施工工段责任中心。本级安全责任中心是在工程队领导下对其所负责工程段进行施工安全管理,根据具体的施工项目情况,可把施工队划分为各施工工段安全责任中心,各中心的负责人为各工段段长。尽管各工段是独立施工,但每一工段具体施工时都要根据施工工艺进行。因为不同的施工阶段(单项工程)、施工环节的安全管理考核的具体内容不同,各自的责、权、利均不相同。

第三,工程队安全管理责任中心。工程队安全管理责任中心实际上是工程队队长负责的安全管理中心,以责定权,以责定利。对机械使用安全负责,同样体现责、权、利相结合的原则。

四、安全成本保证的关系及其优化

房地产企业根据自身的技术经济水平,通过确定期望的安全保障度进行项目的安全成本优化。安全成本优化的目的是确定最佳安全成本的投入量,最终达到施工项目安全总成本经济的目标。构成安全成本的保证性安全成本和损失性安全成本随着安全保证水平有规律地发生变化,他们之间相互联系且相互影响。理论上讲,安全保证水平会随着保证性安全成本投入的增加而提

高。在一个安全水平下,保证性安全成本费用越高,而损失性安全成本费用则越低。随着安全保障度由低到高的变化,安全成本总额变化的规律是先由高到低,再由低到高。安全保障度与安全成本总额的这种客观规律被认为是指导安全成本优化工作的基本理论依据。

根据这一规律,在安全成本曲线上找到经济安全成本的 Q_0 点,由 Q_0 点确定横轴上的 S_0 点和纵轴上的 C_0 点,其中 S_0 就是最优的安全保证水平,C_0 就是最优安全成本投入量。在安全成本优化的实践工作中,应按照最优安全成本投入量 C_0 编制保证性安全成本投入费用计划,从而进行安全成本投入控制,然后根据安全成本分区进行决策,如图2-8所示:

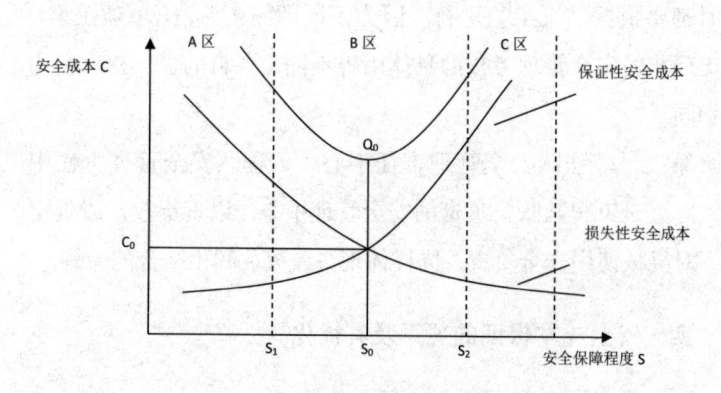

图2-8 安全成本与安全保障度的关系

在 A 区,安全成本过高是由于保证性安全投入过低,而导致损失性安全成本过高,安全工作不到位,存在极严重的安全隐患,安全保证度过低。因此,安全工作优化策略是辨识、分析危险源,增加安全工程设施的投入,完善安全管理措施和安全检查制度,加强安全监控、控制,强化安全意识和安全防范,提高

安全保证程度，降低安全损失，使安全成本达到合理水平。在B区，安全成本最为合理，说明安全保障适中，安全工作较理想，对此，安全工作优化策略是制定安全工作的标准规范，并且对安全工作进行标准化管理。在C区，安全成本过高，其原因是保证性安全成本过高，说明为保障安全而进行的投入过多，出现安全功能过剩。对此，安全工作优化的策略是减少不必要的安全措施，停止不合理的全工程和设施的运行，调整并简化安全测控系统以降低安全成本。

五、房地产建筑安全成本精细化控制

(一) 安全成本流程控制

成本控制过程主要是指在建筑产品的生产过程中，对形成安全成本的各项因素，按照事前制定的标准或预算加以监督，发现差异，就及时采取措施，加以纠正，使产品生产过程中各项消耗和费用都控制在标准或预算规定范围内的过程。一般主要包括以下几个过程：

第一，制定安全成本控制标准。成本标准是控制实际成本的基础，它规定了在一定生产技术设备条件下，安全成本的数量界限。制定成本标准的方法主要有经验法、定额法、标准法和预算法。这需要收集大量以前同类项目的安全成本的资料，整理分析安全成本的形成和其数量标准，再结合本项目的相关特征指定本项目的安全成本控制标准。

第二，监督、控制成本的形成。安全管理人员要进行实地考察，监督、控制安全成本的形成过程，根据分解的指标体系，记录有关的差异，及时进行信息的反馈，尽量采取补救措施，进行

修正，使其不得超越标准。

第三，分析成本的差异。当实际成本支出和成本标准比较时，难免发生差异，这差异可能是不利的超支，也可能是有利的节约。这些重要信息需尽快进行分析，找出原因，有助于及时纠正偏差。

第四，采取改善措施。差异的分析是作为研究改善措施的重要信息，当探究到原因后，要通过相应手段，采取改善措施，修改安全成本标准，以便日后成本控制更为有效地进行。通过成本控制，能使企业产品按照事先预算的成本水平进行，防止与克服生产过程中损失和浪费的现象发生，使企业的资源，包括人力、物力和财力，得到合理的利用，达到节约各项消耗、降低安全成本、提高安全经济效益的目的。

（二）安全成本全程控制

1. 事前控制

事前控制主要是安全事故发生前，对可能引起安全事故发生的因素和产生的后果进行预测、决策和计划，对一切可能会对成本发生影响的内、外界因素进行预测，准备应变方法。在全面进行技术经济分析和价值功能分析后，以求用最合理的成本使建筑产品既达到必要的要求，又达到目标利润的要求。

2. 事中控制

事中控制阶段主要是建筑生产过程中的成本控制，随着生产过程，建筑产品安全成本的形成，将实际成本与目标成本进行比较，从显示的差异中分析原因，采取措施，调节偏差。

3. 事后控制

事后控制指安全事故发生后，通过及时的调查、研究，并制

定相应的策略，减少和抑制建筑安全成本的增加；同时也包括安全事故结束后，把安全成本发生的差异及原因进行汇总，编制成本表，分析研究成本变动的规律，总结经验，为制定新的目标成本、标准或预算提供科学依据。

(三)"三级六维九化"管理

在施工过程中，要以同业对标为抓手，以生产安全考核为载体，创新性地构建基于"三个层级、针对六个维度、实现九化目标"的安全生产"三级六维九化"精益化管理模式："三个层级"是指决策层、管理层、执行层；"六个维度"是指重点工作及考评指标、员工技能和素养、标准化建设、科技创新、专业管理和安全管理；"九化目标"是指责任落实具体化、考核评价科学化、技能培训实效化、作业行为规范化、规章制度标准化、文明生产整洁化、科技创新实用化、专业管理特色化、安全管理系统化。

(四)安全成本优化管理

安全成本线是一条由两类不同性质的成本所决定的凹形曲线，最优安全成本既不是在安全水平最高时，也不是在安全水平最低时，而是在安全成本的三项内容之和最低时。从理论上讲，当预防成本等于损失成本时，可找到最优安全成本。确定最优安全成本控制模型比较实用的方法是合理比例法。此法是根据安全成本各子项目之间的比例关系确定一个合理的比例，从而找出安全成本的最佳区域，而不是最优安全成本点。因为达到某一点安全成本不易保持，而使安全成本保持在某一个范围内还是容易做到的。客观上安全成本项目间也存在一个合理的比例。

不同类型和工种的企业，其最优安全成本区域也有所不同，当预防成本占总安全成本的40%~60%时，损失成本占

40%~60%时，企业处于安全最佳区域，预防性安全投入比较适宜，此时安全成本总额最低。当预防成本小于40%，损失成本占60%以上时，企业处于安全改进区域，此时安全成本总额比较高，工作重点应放在改进安全管理措施和加强预防管理、降低事故发生频率上。当预防成本高于60%，损失成本低于40%时，企业处于安全过剩区域，此时安全成本总额也比较高，工作重点应放在保持巩固现场危险源控制的成就和相应减少检查检验工作量上，适当降低其他控制成本的投入。

第三章　房地产项目成本优化管理研究

近年来，伴随经济的快速成长，房地产行业竞争越来越激烈，而在房地产行业竞争中，开发成本直接影响企业经济效益。因此优化成本管理成为企业需要关注的重点。本章重点论述房地产项目设计优化重点与成本管控关键指标，分析价值链管理及房地产项目整体权衡与优化管理。

第一节　房地产项目设计优化重点与成本管控关键指标

一、房地产项目设计管理

房地产项目设计管理条块分割较大，房地产企业设计管理的范围远远大于传统的建筑设计院。因此，传统建筑设计所完成的工作只是房地产企业全部设计管理内容的一部分，建筑设计单位并不能代替房地产企业改善全面控制设计阶段的成本。房地产企业必须基于设计单位的设计成果，结合设计各个阶段的特点进行设计优化和成本控制，已达到产品品质和成本控制双重兼顾的目的。

二、房地产项目设计优化重点

房地产项目设计通过不同阶段进行优化管理，具体内容如下：

（1）项目论证阶段。关注土地性质是否有调整机会，主要表

现为：①土地变性，如写字楼变公寓；②规划要点调整，如商住比例；③容积率调整（偷面积或主动减低容积率）；④市政条件的利用。

(2) 概念设计。做好项目周边环境调研，包括项目地理位置、自然景观、配套、地质情况；项目竞争对手楼盘情况（"适度"领先配置）；做好用地分析，成本估算；产品类型比例、交通分析、功能分区、景观分析、土方分析、设备房分析、商业配套、地下室设置、人防设置、停车设置等分析。

(3) 方案设计。主要包括：①分析客户群真实需求，分析客户敏感点，精准定位控制成本；②非销售公建配套建面与客户需求间寻找平衡点，提高可售面积比例；③容积率、建筑密度的把握；④住宅平面、单元、户型和户型面积；⑤建筑效果和成本双赢的建筑布局；⑥窗地比、建筑周长面积比、屋顶复杂程度；⑦平衡总价控制与单价控制。

(4) 地质勘查设计。主要为技术问题，包括地基承载能力、地下水位，特别是抗浮设计、不良地质条件的分析及场地周边管线。

(5) 基坑边坡、地基设计。岩土工程的设计控制，经验占70%，计算占30%；基坑与边坡根据性质采取不同保险系数。

(6) 地下室设计。主要包括：地下室水位，特别是抗浮计算水位深度；地下室高度；地面覆土厚土；消防车道的位置；设备机房及车位的布置；地下室位置同主体的关系；管线路由及层高。

(7) 结构设计。主要包括：结构比选、结构与空间的关系、荷载布置优化、计算优化、构造配筋。

(8) 设备选型。主要包括：综合建安、运营、安全，使用年限及品牌；设计重要性及客户敏感度，材料性价比选；机房面积大小。

(9) 建筑施工图设计。包括功能性问题、构造措施和施工图深度。

(10) 场地设计。场地设计优化内容主要包括：场地总平面设计、场地道路设计、场地竖向设计、场地管线综合设计。

(11) 景观成本。重点部位提高成本，优化非重点部位；利用景观成本在总建安成本中"调节池"的作用。

(12) 外围护结构保温设计。选择性价比合适的保温材料，综合考虑窗墙比、遮阳等。[1]

(13) 门窗工程设计。主要包括：门窗适当减少分隔，大幅度降低型材含量；适当减少开启扇数量，减少五金使用；满足受力条件下，调整型材截面，降低型材含量。

三、房地产项目优化关键指标

设计与成本控制密切相关，房地产项目如何提炼一些成本优化的关键指标，跨越专业管理边界，实现成本无缝管理对房地产开发项目成本控制具有重要意义。房地产项目设计成本优化一级指标主要包括建筑项目成本关键指标、机电设备成本关键指标、精装修成本关键指标、园林景观成本关键指标和市政项目成本关键指标。

各二级指标的具体情况如下：

---

[1] 沈振桓.房地产开发成本控制策略分析[J].科技经济导刊，2018，26(20)：222+212.

（1）建筑成本关键指标。具体包括可售比率（可售面积/总建筑面积）、每户建筑面积使用率（套内建筑面积/销售面积）、地下面积比率（地下总建筑面积/总建筑面积）、地下单个车位面积（含分摊面积）、建筑层高（标准层高、首层大堂层高、地下室层高）、地下室顶板覆土厚度、钢筋、混凝土含量、会所面积、位置及经营可能性、物业管理用房面积、综合设备用房面积、窗墙比率（外窗面积/外墙面积）和架空层面积。

（2）机电成本关键指标。具体包括空调消耗单方冷吨指标、给水、排水管材、主要设备参数、电梯参数（梯速、载重、层高、是否标配）、高低压配电费用和智能化工程（智能家居、楼宇自控、梯控、一卡通）。

（3）精装修成本关键指标，具体包括：精装成本售价比（户型可售面积精装成本/开盘售价）、户内精装单方造价（橱柜、厨电、洁具五金、石材、壁纸、木地板）、标准层公共区域精装单方造价、大堂精装单方造价、电梯轿厢精装单方造价和售楼处、样板间配饰单方造价。

（4）景观绿化成本关键指标。包括绿化单方造价、铺装、景观单方造价、示范区园林单方造价、绿化园建比率（绿化面积/铺装、景观工程面积（除消防通道））和景观立面比率（景观立面面积/景观工程面积）。

（5）市政配套成本关键指标。具体包括：外电源路由、配电开闭站位置、配电所数量、燃气路由及调压站数量、热力路由及热力站数量、给水路由、中水路由、雨水路由和污水路由。

四、房地产项目设计成本控制理念

房地产项目设计成本造价控制理念主要有以下三个方面：

第一，从源头抓起，着手大局为之上策。一般情况下，项目的成本造价在建筑方案确定的时候就已经基本确定，要想达到节约成本的目的，结构专业应该提前介入，参与到建筑方案设计中去，在满足建筑安全、质量、功能和建筑艺术的前提下提醒设计人员不要采用成本较高的建筑方案和建筑造型，提供可变通、结构可行的备选建议，大到建筑的规则性、柱网的布置，小到局部建筑造型的处理，建筑柱网的规则性等。

第二，中间过程入手，抓结构方案为之中策。目前，大的工程项目都普遍请国外设计公司出方案，国内做施工图，这种模式，结构设计师前期参与的可能性很小，话语权也受限。这种情况下，只能采纳建筑设计最优的结构方案。

结合现有的国家规范，根据不同烈度不同建筑类型，采用不同的结构类型，抗震等级是不一样的，三、四级抗震与一、二级抗震有着天壤之别。另外，不同的建筑结构类型有着不同的构造措施，这对于含钢量有着很大的影响。例如，小高层住宅，可以用纯剪力墙结构、框架、框剪、异形框剪、短肢剪力墙结构，出于建筑功能要求，一般会在纯剪、异形框剪、短肢进行选择。纯剪与短肢比较无疑短肢费，抗震等级高一级，短肢配筋率为 $1.0\% \sim 1.2\%$，这对于三、四级抗震的建筑来说，占普通剪力墙结构 0.5% 而已，差距显而易见，并且短肢的抗震性能与普通剪力墙也不可同日而语。

纯剪力墙与异形框剪比较，异形框剪抗震等级首先就高一级、肢端配筋率等构造措施限定了受力钢筋非 $\phi 14$、$\phi 16$ 及以上不能用，体积配箍率也不可小觑，节省的只是混凝土，而混凝土的价格和钢材的价格近 30 倍的差距，抗震性能也不在一个数量级上。用纯剪结构也有讲究，周期扭转不达标不一定是墙的数量减少了。这是初开始做设计的思路，适当的调整墙的位置，将墙体尽量外围布置，尽量减少中部的剪力墙数量，不仅可以取得很好的经济效益，还可以优化结构受力性能，必要的时候，电梯井也可以不做筒，甚至改成框架也未尝不可，控制好结构的宏观参数，不大也不小，往往带来的经济效益和安全效益不是死抠钢筋能够实现的，减法有时候比加法更管用。

第三，抓配筋，省小钱为之下策。省的虽是小钱，却是甲方最在意的，也是最直观的。省小钱唯一的办法就是抓规范，能节省就节省。例如：

（1）控制通长钢筋，大量使用通长钢筋会造成浪费，可以采取通长钢筋与分离式钢筋配合使用。如地下车库顶板配筋，传统的双层双向配筋过于浪费，可采用负筋采取部分通长，支座配筋较大处额外附加分离式钢筋与通长钢筋交替放置，板底钢筋亦可采用部分通长，在大板跨处增加局部板跨通长钢筋与部分通长钢筋交替放置，这样既不降低结构安全度，还节省成本造价。

（2）Ⅰ级钢的 $\phi 10$ 比Ⅲ级钢的 $\phi 8$ 价格高，但是强度低于 $\phi 8$。另外，在以计算剪力控制的梁柱箍筋上也可采用Ⅲ级钢小直径替换Ⅰ级钢的大直径，用Ⅲ级钢的大间距换Ⅰ级钢的小间距，经济实惠且提高了强度储备。

（3）体积配箍率、最小配筋率这些指标都与钢筋强度成反比，用Ⅲ级钢，框架柱体积配箍率会小很多，梁板最小配筋率也会小

很多。

(4) 高强混凝土替换低强度等级混凝土，混凝土的单方市场价，一个强度等级价差10元，强度却相差不少，结构买建材买的是强度，不过也不是标号越高越好，C35以上的混凝土会影响体积配箍率。

(5) 调整构件截面，配筋率控制在经济配筋率附近。

五、房地产项目设计成本控制措施

设计在整个项目的成本投入上占比不大，却影响75%的项目成本和盈利。一方面不能不计成本盲目追求设计效果，另一方面要避免成本不合理导致质量下降。定位取得土地、规划设计、报批报审、招标采购、总包分包、销售推广、物业管理、客户服务是相互关联、贯穿项目全生命周期的节点汇集，这其中，由于取得土地成本是不可控的，所以成本前置的重点在于规划设计。在项目初始阶段，要确定级别、档次等定位，设定设计和材料部品部件配置标准，从而在精装设计、材料部品、成本造价指标上能轻松"对号入座"。

方案设计阶段是成本定型的重要阶段，决定了房地产项目整体开发成本的75%以上，其重要程度不言而喻，具体而言，初步设计阶段，主要在于减少不可售面积；施工图阶段，主要在于降低部分对产品品质影响不大的材料档次。

成本管控的最高阶段主要围绕设计做文章，设计方案落地，就决定了大致的成本。基础数据表、图纸核算出来的技术经济指标、建造标准等，逐一分解到相应的成本科目，进行量价合理判断，确定目标成本。方案版、施工图版确定，图纸设计指标确定与落地后，再要进行调整影响会很大，因而对施工图设计质量的要求很高。有些招标阶段，如总包，算清单，发现结构含量偏高。

例如长沙某项目，含钢量40~43kg/m^{2}就已足够，实际使用却达到60~70kg/m^2，远远偏离合理指标值，而此时设计再做优化，进行图纸调整，可行性和效率非常低。又如，进入施工状态之后，要调整图纸，影响也会很大。因此，在设计阶段，设计、工程、财务、成本、营销等业务部门应进行讨论，提出大量成本优化的建议，发现优化的方向，而强有力的执行还是在于业务部门，尤其是设计部门。

方案设计阶段的成本控制要点有很多，如地下面积、竖向标高、窗地比、外立面率、核心筒及消防前室、建筑形态、工艺标准、建筑风格、人防面积、层高等等，以下将从地下面积、窗地比、外立面以及无效成本等方面来重点分析方案设计阶段的成本控制措施。

(一) 减少并科学利用地下面积

建筑面积跟销售面积是两个概念，建筑面积无论可售还是不可售都投入了资金和成本。过去在于得房率，现在讲求可售比。可售比是可销售面积占总建筑面积的比例。可售比越大，用于分摊的成本将越少，所有的成本都会分摊到销售面积的单方造价。提高可售比，地下室面积是很重要的一部分。一般情况下，住宅的地下室不计容，建造成本却高于地面建筑的一倍以上。地下室面积越大，投入面积越高，分摊成本越高，可售比越低。投入成本在于希望产生溢价，如果能够有利于销售价格提高，亦可分担增加的平均成本，否则就是浪费。以上海某项目的地下室设计为例，地下车库无法直接进入地下室，因而2层、3层赠送的地下室面积实际使用量很低，且没有做到真正意义上的独立入户和较好的私密性。

经验证明，如果地下室的面积超过建筑面积150%就不具备经济性了。因此要严格控制地下室面积，控制土方开挖量，控制以赠送面积作为卖点；联排别墅慎用地下停车方式。地下室面积跟车位配比相关，有些车位配比比较大，会设计大的地下车库，大地库成本很高，如果是容积率高的项目如超高层等，要满足车位比，可能还得往地下发展，这其中钢筋配比、结构成本、桩基、土方等，要增加很多成本。

因此，地下车库的设计主要有五点：①在车位配比上尽可能从政策上取得优惠；②可通过配置机械立体停车库达到车位配比；③在地下室功能布局上注重设计合理性，充分利用空间；④通过车位划线和单双行合理动线设置，来尽可能增加停车位数量。如小户型楼盘车位配比压力很大，可充分采用这一方式；⑤通过设计地上停车位来实现车位配比。但地上停车位会影响小区景观，对于某些项目来说不宜采用。

此外，对于一些赠送地下车库的别墅产品，可以设计半地下室，半地下室土方开挖量少，成本低于地下室，尤其是西南地区由于山区地下多石头，开挖成本更高。但是，半地下室设计，一要考虑当地地质，二要让客户满意。

（二）控制窗地比减少开窗面

窗地比是指窗洞的面积与地上计容面积（不含地下室）的比例。开窗越大，意味着成本造价越高，对节能保温的要求越高。控制窗地比就是控制外立面门窗的造价，外立面门窗造价比钢筋

混凝土的结构造价要高得多。因此，要控制窗地比及过多过大的开窗面，并控制会影响门窗节能和造价的设计方案。

第一，通过项目定位和成本标准化，来控制窗地比的比率，通过指标来控制，例如普通住宅的窗地比在0.21~0.23，别墅的窗地比可达0.3。

第二，窗开启方式、型材品牌和五金配置标准会影响成本造价。例如，平开窗比推拉窗价格高，会在窗扇上使用更多五金材料，这都需要通过设计来控制标准。磁瓦涂层的处理上，可用阳极氧化、粉末喷涂来代替成本相对较高的氟碳烤漆。

第三，通过门窗和立面分割方式减少耗材。凹凸越少、窗洞越小节能保护越容易配置，采用普通玻璃、型材就能满足；但是如果开窗太大、立面设计曲线过多，则能耗越大，型材和节能要求就比较高。比如采用断桥铝合金等等来节能，会增加成本。

（三）降低外立面率

外立面率，是指扣除窗门洞的外立面装饰面积与地上计容面积的比率。外立面率这个指标在于控制外立面装饰成本，线条和凹凸越多越复杂，外立面率越高，人工和模板支出费用越大，用的装饰材料也多，成本越高。建筑形态不同则外立面造价及结构体系不同，结构体系影响外立面指标和外立面消耗的模板，而建筑风格不同对外饰面的标准与造价亦有影响。

因此，控制外立面率、外墙面保温层与外装饰面的造价及施工模板的损耗、措施费的增加，是减少成本的重要举措，具体如下：

第一，外立面越平整，成本越低。通常外立面率会超过1.5~1.6，加大外立面投入，一方面要考虑设计师的发挥空间；

另一方面要看能不能通过销售的途径回收回来。

第二，材料方面，主要靠设计发挥，将普通材料做出优质或高端的设计效果。例如，大面积石材如果没有体现立体感，远看与涂料没有区别，好的真石漆也可以达到这种平面效果，但成本造价却低得多，像砂岩的成本为 800~900 元/m^2，加上施工费，要达到 1200~1300 元/m^2，如果线条复杂，则到 2000~2500 元/m^2，造价非常高，而真石漆可能才 120 元/m^2 左右。此外，无论是 PK 砖、陶瓷砖的拼接和色彩搭配、组合，要达到很有质感的效果，可通过高超的设计功力来达到节省成本的效果。

第三，外立面率又与不同的设计风格相关，比如英伦风格和地中海风格的外立面形状不一样，地中海轮廓简单，英伦风格比较复杂；又如某些建筑强调竖向线条，实际展开的装修面积比较多，成本指标也比较高。因此，建筑风格的定位要与初始成本指标结合起来，保证每个系列、每种产品外立面的造型能标准化、固化，实现相对可控。

另外保温材料是外立面的内在，消防要求等级高，要满足消防和节能保温的要求，从成本、设计的角度，要找新产品、新工艺来替代它。比如，抗反射保温材料，同一涂层既抗反射又保温，自然可以节省工序和成本；又如，对于 A 级保温板来说，岩棉上不能贴 PK 砖，所以涂一些涂料，可两步并成一步。新工艺带来差异化的竞争，在于研发部门要大量研发，还要经政府验收、支持指导，图审等环节。

（四）规避无效成本

上述地下面积、窗地比、外立面率等方面的成本管控要注意掌控尺度。例如，全地下室比半地下室更有卖点，大开窗光线

更通透，复杂的外立面设计风格往往更吸引客户，所以要看由此产生的溢价是否能够偿付增加的成本，否则就是无效成本。具体如下：

第一，灰空面积与品质拐点。灰空面积，是指直接投入成本但却不能作为销售面积换取产出的部分。不同于无效成本，灰空面积对营销会起到卖点的作用，是有溢价空间的面积。如下沉式庭院、架空层、转换层、阁楼、阳台、电梯前室后室等，出售时都不计面积。品质拐点是指品质追加的临界点，即到了这个界限，不会再得到顾客的认可。比如外立面的打造，是敏感性成本，如将单方造价200元的涂料改用单方造价高达400～500元的石材，这个转变在品质上是有冲击力的，即便销售单价增加500元，客户还是会认可，但是，当以品质为哄抬，致使最终销售单价从5500元涨到7500元。

但是，并非灰空面积投入越多越好，要根据需要来打造；品质提升不是无极限地提升，提高售价的目标在于投资回报最大化。所以，在设计前期，营销部门要对客户关注点进行调研。营销自然希望品质越高越好，售价越低越好，卖得越快越好，而设计部门会与营销汇总意见，通过标准化来实现产品设计与成本之间的平衡。

第二，无效空间与无效体积。无效成本不同于前述灰空面积，无效成本对整个销售没有溢价，没有带动销售、扩大品牌影响的价值，比如砸掉重做的成本、存货的资金成本、容积率浪费、结构含量过大增加的成本等。无效成本在结构性成本这一块反映得最多，而设计方面主要控制结构方面的成本；敏感性成本方面也有一些无效成本的例子，如在景观石材如铺砖材料的选择、花

池压顶的做法等方面,也容易发生浪费。例如围墙的石材压顶,10cm 就足够,但是有个项目却采用整块石材,很厚,进行整石雕刻,效果也不一定有效,即便分开压顶也能实现相同的效果。

无效空间,主要体现在层高上,政府规定 2.5m 以下不算销售面积,如果进深和开间固定,那么层高越高意味着空间越大,体积越大,但是因为房子按面积卖,层高过高无法产生溢价,就是浪费。层高每增加 10cm,建造成本将增加 3%~5%。一般情况下,首置产品层高宜为 2.9m,不应超过 3.0m。当然,通过市场检验溢价贡献,如果设置成 3m 或 3.1m,更通风舒适,溢价更高,则可适当调高层高。此外,层高增加,还要注意空间比例,例如,开间 4m,进深 10m,一旦层高过高就会显得过于狭窄,不成比例。

第二节 房地产项目设计价值链管理

一、价值链前端管理

(一)设计任务书

设计任务书不仅体现业主的开发理念、营销主题、策划定位等,而且是设计单位最主要的设计依据。对于房地产开发企业而言,为使设计单位更加准确地理解其设计理念和意图,建议将超前观念和并行工程的思想引入设计过程,业主方在研究规划设计要点的同时初步选择设计单位,在研究讨论规划设计要点形成设计任务书的阶段不仅有业主方的各个职能部门参加,而且设计单位的参与也将从设计的角度提出更多建议,或者要求设计单位对设计任务书的编制提出正式的书面完善意见,这样双方可以从不

同的角度讨论用户需求和竞争产品的特征等。这种模式下，设计单位的提早介入，不仅保证设计任务书的编制质量与可操作性，而且保证了设计单位与营销、工程、成本等部门的有效交流，更有利于建立一支由企业内部成员和设计单位外部成员共同构成的团队。

(二) 设计单位

目前我国的设计单位主要有三种类型：①大型设计院，其显著特点是综合实力强，设计院内部管理制度完善，内部会审会签制度运行较好，各专业实力相对均衡且配合较好，因此图纸的"错、漏、碰、缺"等现象较少，有利于项目施工、变更管理和成本控制。但设计院可能因业务繁忙，对项目的重视程度不够，导致设计方案创新不足，较为传统；设计院内部标准做法、通用做法较多，设计较为保守；不接受业主的限额设计等要求。②由知名设计师创立的中小设计院，其主设计师能力较强，设计特色或特长较为突出，但由于主设计师设计任务多，导致服务质量有可能下滑，设计院内相关专业配置薄弱，专业配合及设计深度不足，图纸的"错、漏、碰、缺"等现象可能较严重。③一般小型设计院或设计事务所，其设计费用相对较低、服务态度较好，业主在管理设计院时有较强的管控力度，但是设计质量存在问题（包括方案质量和图纸质量）的风险性较大，设计单位内部的质量管理体系不健全。

不同类型、不同规模的房地产开发企业在选择设计单位时的标准或许不同，但是为了有效的向设计单位输入成本管理信息，提高成本管理效果，选择设计单位时基本原则应该是易于管控，因为设计管理的关键是业主而不是设计单位。

另外，还需结合具体项目的特点。当项目作为公司的标志性工程时，对建筑的外立面效果、景观布置、材料的选择等方面要求较高，此时选择实力强的设计单位较易保证设计质量；当公司以盈利为主要目标时，可考虑一般小型设计院，此时对外立面、户型等的要求不会特别复杂，对成本经济性的要求则会较高，而这类设计单位服务态度相对较好，更容易接受甲方的意见。但是合作伙伴的选择并不是一劳永逸的结果，同时还需要注意备选单位的收集与考察。

二、价值链中端管理

加强设计过程管理，促使成本管理有效介入设计过程，促使设计的发展沿着满足成本要求的路径进行，避免设计成本超限而造成事后修改返工，主要可以从以下几个方面改进：

(一) 设计合同

通过分析设计合同示范文本不难发现其中管理性条款的欠缺，而增加管理性条款更能使得业主通过合同保证对设计单位的管理成为可能，使得设计单位能够接受业主的管理，业主能够有效监管设计院内部质量管理体系是否正常运行并发挥作用，促使设计院内部管理工作外部化，业主进而可以见证设计院的内部管理行为等。[①]

例如，双方可以约定提交设计成果时设计单位提出其节约投资的具体措施，以加强设计单位的成本理念；在符合安全条件下，设计成果低于限额设计指标一定百分比时给予设计师而非仅

[①] 马英. 房地产企业全过程造价管理与成本控制 [J]. 居业，2018 (07)：90-91.

限于设计单位的奖励，以提高设计负责人的积极性和主动性，有效利用设计单位内部的自控体系；通过约定设计人员清单（包括年龄、职务、职称、工作年限、执业资格等）以保证设计团队的稳定性；具体约定专业负责人到场服务的时间和次数，以保证设计与施工的连贯性、一致性；约定设计单位应承担的风险：设计错误、设计延误、施工配合不到位所导致的损失以及设计结果超限额的罚则等。

(二) 设计沟通方面

大多数人都会觉得自己的沟通能力没有问题，但是现实中往往忽略沟通的结果。设计中的沟通也是如此，不仅要看行为本身，更要看到行为产生的结果。设计沟通能够使各项工作串联成一个整体，产生整体大于分项之和的效果。设计的创造性和成本限制性的矛盾更需要充分的沟通交流从而达到润滑效果。不仅要给双方提供正式或非正式沟通平台，还要注意沟通信息的收集和反馈，因为沟通的目的并不仅仅是把信息传递出去，更重要的是给予对方反馈的机会，这样才能了解对方的想法，达到互动交流的效果，不仅利于设计对成本目标的认可和落实，而且通过设计过程的信息反馈便于及时更新材料成本信息库。

(三) 设计评审

设计评审方面需要根据不同设计阶段的任务特点制定不同的评审标准，而且评审标准需综合考虑各个专业的要求，并得到大家的广泛认可，另外，还需要特别加强对设计方案的评审，因为建筑方案是初步设计和施工图设计的方向标，方案的经济合理性是过程管理的关键之一。

为了提高项目的性价比，建议将项目的技术经济指标分为两

大类：功能类指标和成本类指标。每一个功能指标与成本指标相对应，功能类指标按照重要程度依次排序，成本类指标按照数值从小到大排序。在功能类和成本类指标中排序均靠前的则其价值较大，作为必然要实现的功能；相反在两类指标中排序均靠后的指标则其价值较小，可以剔除该项功能；若功能类指标和成本类指标排序方向不一致，则要考虑项目的具体定位情况，项目定位为高端时以功能类指标为主，而项目定位为中低端时以成本类指标为主。这样不仅可以将技术与经济结合，提高决策的科学性，有效地控制设计阶段的成本，而且指标的引入降低了设计评审的主观性。但是，在评审之前功能分析和成本测算是基础工作，设计单位在提出方案时需附功能分析表，业主方在此基础上进行每项功能的成本测算，只有这样才能保证方案评审时指标的可实施性。

此外，方案的评审形式不能太拘泥，要"因地制宜"，要根据不同的评审内容、不同的评审环节，合理安排评审专家和评审形式，通过评审形式的创新和完善使得评审专家能够发挥专家能力，防止过强的主观性、相互干扰性和评审的随意性。

三、价值链后端管理

设计变更是指设计单位对原设计文件中所表达的设计标准的改变和修改，根据变更原因的不同主要包括三类：因设计单位本身的图纸"错漏碰缺"或其他原因而导致设计资料的修改或补充；因开发商市场定位和功能调整而导致的变更；因施工单位的材料设备使用问题而提出来的变更，例如，原有材料设备缺货而使用其替代产品。

随着项目的推进，设计变更引起的成本增加将越来越大，因此，加强变更管理对成本控制有重要意义。从变更的提出到变更的实施，既需要技术把关又需要经济的审核，所以变更管理是一个多方参与共同决定的系统工作。

加强变更管理可以从以下几个方面入手：

(1) 变更需求的提出。将设计变更分类管理，区分变更发生的原因以便进行后续的分析、改进和预防。

(2) 变更的合理性分析。将变更以后所产生的综合效益（质量、工期、造价）和变更所引起的索赔等损失进行比较，权衡轻重后做出是否变更的决定。

(3) 审批流程设计。为提高工作效率，首先需要判定是否需要进行成本测算，其次，根据成本测算的结果选择不同的审批流程（不同的成本变化采用不同的授权体系来完成）。因此，在变更审批单中需求加入判定结果，同时建立不同的责权体系，流程设计中体现出流程的选择路径。

(4) 变更的实施。组织实施之前需要考虑相关的接口，例如项目事务部是否需要重新报建，是否涉及销售承诺的顾客接口；与动态成本管理的接口（成本变更的信息管理）。此外，组织实施后需要进行变更的跟踪关闭。

(5) 变更实施后的分析。变更实施后要对项目变更进行相关分析，包括总成本的变化、变更的效果、如何改进等。

上述措施与建议的出发点并不仅仅是简单的降低成本，重点则在于成本的避免和成本的预防，通过将技术与经济、设计与成本的有机结合，达到提高设计阶段成本管理成效的目的。然而，由于设计阶段的成本管理是一个由点连线、由线连面的系统性工

作，所以目的的实现需要多管齐下的综合管控。既需要复合型的人才，又需要高效的组织、清晰的制度；既需要合作方的配合，又需要业主的管控；既是设计与成本的矛盾斗争，又是二者的协调统一。

第三节　房地产项目整体权衡与优化管理

房地产项目整体权衡与优化管理主要是"五大要素"控制相关的权衡与优化。"五大要素"主要包括进度控制、成本控制、质量控制、安全控制和环境控制。

"五大"控制要素是对立的统一。项目的任何一方面的变化或对变化采取控制措施，都会产生其他方面的变化，或产生新的冲突。对于一项工程项目而言，施工生产的目标是质量好、进度快、成本低、安全并且环保。这五者之间既是对立的，相互制约、相互影响，又是统一的，表现为平衡关系和促进关系。项目管理者始终在追求五大目标的不断进展和循环平衡，五项目标中任何一项没有实现或没有达到规范要求都无法完整地反映项目实施的目标成果。[①]

"五大"控制要素不能等量齐观。在施工过程中五者并非等量齐观。五大目标应统筹安排系统控制在项目施工中，要以进度为中心，以质量为根本，以经济效益为核心，安全施工为保障，环境保护为前提，要统筹安排，系统控制。

在五大要素目标管理中，质量应该是第一位的，进度管理

---

① 张招华. 房地产企业目标成本管理研究[J]. 建材与装饰，2018（26）：163−164.

是五大目标控制的主线,在项目质量、工期、安全、环保满足要求的情况下,才能降低成本。概括起来说,在五大要素中,质量是生命,成本是根本,工期是体现。质量最重要,它在五大要素中起着主导和支配的作用。当质量与工期发生矛盾时,工期让步;当质量与成本发生冲突时,也选择质量。在强调质量第一的同时,也不能忽视工期与成本的重要性。因为缩短工期,可以加速资金周转,提高资金利用率,尽快发挥投资效益;而降低成本,可以为企业增加盈利,为国家建设积累资金。

因此,在处理质量、工期、成本三者关系时,必须使工程质量在不增加成本的基础上,达到国家标准、符合设计要求;使施工工期在不增加成本的基础上,低于国家定额工期;使企业施工的工程成本在符合质量和工期要求的前提下,低于社会平均水平做到多快好省地完成施工任务。既满足用户需要,又使企业有应得利益。使质量、工期、成本三者能达到最佳的结合和辩证的统一。

五个目标寓于一个统一体中,在项目施工过程中,房地产建筑工程要考虑五个目标的统一,既要进度快,又要成本省、质量好,确保施工安全和环境保护到位。同时满足质量、成本、进度、安全、环保上的要求是很困难的,常常会出现相互之间存在冲突的情况,这时就需要在不同目标之间进行权衡。解决问题的思路是寻找可以选择的替代方案,而后权衡不同方案的优劣。项目实施中,应结合工程实际情况,从技术、管理、工艺、操作、经济等方面综合考虑施工方案,力求施工方案在技术上可行,经济上合理,工艺上先进,操作上方便,从而有利于加快进度,降低成本,保证质量和安全及环境保护符合要求。

第四章　房地产项目成本控制分析

目前，由于城镇化进程的不断加快，房地产企业迎来快速发展阶段，房地产项目成本的控制也成为企业提高自身竞争力的关键因素。本章探究房地产项目成本总体战略与成本分析，对房地产项目开发全过程的成本控制进行深入分析，并探讨基于目标管理的房地产开发项目的成本控制。

第一节　房地产项目成本总体战略和成本分析

一、房地产项目总体战略

（一）组织与制度保障体系

房地产项目的开发须从组织和制度方面建立一整套卓有成效的体系，并在实践中不断地予以完善和补充，具体如下：

（1）制度的制定。在行为规范体系方面，房地产企业可以从工程的发包管理、招投标、合同管理、预结算管理、工程成本定额标准、工程质量标准等方面制定一系列强制性规定。

（2）制度的执行。主要包括两点：①以行政公文形式下发，房地产企业下属的所有子公司及项目部必须严格执行。②为保障制度的执行到位，施工管理部、质检部、预算部、工程招投标领导小组等职能部门都应配合房地产开发公司的成本控制中心，制订一整套与房地产开发公司工作标准相对应的质量、安全、进度、工期等的标准文件，这样在执行中，就很容易控制成本，并及时发现问题和不足,及时调整改进。

(二)建立组织体系

1. 成本控制体系

在组织体系方面,为保证制度体系的执行到位,房地产企业可以专门成立二级成本控制中心,房地产开发公司直属一级成本控制中心,各个子分公司及联营合作开发项目部设立二级执行与纠正中心,并在各职能部门如投资部、研发部、设计部、技术部、工程部等部门设立控制组,在工程项目施工过程中,各子分公司的施工管理部、质检部、技术部、预算部等职能部门与房地产总公司的相关部门密切配合,将各个控制标准执行到位,以保证质量、成本、工期及品质目标的实现。[①]

2. 成本管理职责

(1) 控制中心的管理职责

控制中心的管理职责主要有以下几点:

第一,制定、修正成本管理制度,督促、指导建立完善本单位成本管理制度;跟踪、检查执行情况,对成本实行制度监控。

第二,进行房地产市场调研,对房地产市场走势做出分析、判断,并将其及时反馈给企业管理层,做决策参考;保持对国家有关法规政策和成本管理环境的了解,协助房地产开发公司争取优惠政策,处理有关政策性问题。

第三,组织各方面专业人士对拟建项目进行实地考察、立项听证,按立项审批程序审查投资估算,把握投资决策,合理配置资源,帮助房地产开发公司做好项目前期策划中的成本控制。

---

① 苗学凤.试析房地产开发项目的全过程成本控制[J].全国流通经济,2018(24):61-62.

立项审查的重点是：①投资成本估算经济、合理；②市场定位明确、恰当；③立项资料齐全、规范；④投资回报符合利润目标要求；⑤投资风险能有效控制。

第四，组织成本管理的信息交流，通过培训、双向交流、研修会等方式，增进全员的成本管理意识，推广内外成本管理经验。寻求降低成本的有效途径，促进成本管理水平的提高。

第五，跟踪、落实各项目成本计划及其执行情况，适时了解各项目成本的实际构成，汇编成本报表；分析、总结项目成本控制情况。协助、督促各开发企业做好项目操作过程中的成本控制工作。

第六，建立成本信息监控中心，及时收集各项目成本动态资料，为管理层提供充分、有效的决策依据，并按要求将有关意见反馈给各部门。

第七，根据管理的需要，派出审计小组对项目成本进行阶段审计和决算审计，对项目成本发生的合理性、成本管理的规范性提出审计意见，并结合项目收益情况，考核项目的成本降低率、投入产出率、投资回报率等指标。

第八，逐步执行成本管理及其信息交流电脑化，搞好成本管理的综合服务。

(2) 各项目职能部门管理职责

各项目职能部门管理职责具体如下：

第一，认真执行成本管理制度，结合实际制定本单位成本管理制度，并自觉接受监督。

第二，根据本单位业务发展规划、开发能力和市场情况，确定项目开发计划，组织立项调研、选址和前期策划，提出立项建

议和开发设想，并按要求提交立项可行性报告，履行立项审批程序。

第三，遵循基本建设程序，进行项目实际操作，对房地产成本实行项目经理负责制和全员全过程控制，对可控成本、变动成本和成本异常偏差实行有效监控，保证将成本控制在目标成本范围内。

第四，规划设计阶段应按市场定位和成本估算准确把握设计方案，组织审查设计概算的经济合理性，使规划设计既符合规范，又体现成本控制的意识和要求。

第五，客观、认真地进行项目成本费用测算，编制项目成本费用计划，确定项目及每个单项工程的目标成本，分解成本费用控制指标，落实降低成本技术组织措施。

第六，组织项目开发成本费用核算，及时、全面、准确、动态地反映项目成本、费用情况，按规定编报成本会计报表等有关资料。坚持成本报告制度，保证成本信息交流的及时、有效。

第七，正确处理成本、市场、工程质量、开发周期、资源、效益之间的关系，杜绝重大工程质量事故，努力缩短开发周期，严格控制项目的质量成本和期间费用，加速投资回报，提高投资回报率。

第八，熟悉、掌握国家和当地有关法规政策及市场需求、预算定额水平等成本控制因素，用足用活各种政策、资源，提高成本控制的预见性，努力寻求降低成本费用的途径。

第九，定期或不定期分析成本结构、差异及其原因、监控措施及其效果、经验教训。每年至少一次，并将分析报告报财务部门。

(三) 成本控制监控系统

房地产企业应根据自身的特点和管理体制，建立以管理监控为中心、以操作监控为中心的房地产成本监控系统。实行总经理领导下，项目经理负责，各职能部门具体实施的运行机制。同时，各监控中心应树立全员成本意识，对房地产成本实行全过程监控。成本监控的要求主要分以下几点：

第一，制度建设。根据管理的需要，应制定和完善成本管理制度并备案，具体包括：①成本管理责任制及监控程序；②计划管理制度（包括指标、定额、考核管理办法）；③招、投标管理制度；④合同管理制度；⑤工程（质量、进度、监理、现场、工程盘点、工期验收移交）管理制度；⑥预决算（包括概算、设计变更、现场签证、结算、款项拨付）管理制度；⑦费用控制制度；⑧材料设备管理制度。

第二，计划管理。应根据项目开发的节奏，及时编制成本计划，并跟踪、检查、考核计划的执行情况，包括①开发产品成本计划（按完全成本口径）；②期间费用计划；③降低成本技术组织措施计划。成本计划以设计概算、施工图预算、成本预测和决策为依据，综合考虑各种因素进行编制，做到目标明确、可行，尽量数据化、图表化；应完善成本考核办法，确立成本降低率、费用节约额、项目投资回报率等成本考核指标。

第三，信息交流。应上报的常规性成本资料，主要包括：①项目基本情况；②按会计制度的规定应编报的成本核算报表；③成本动态情况及其分析资料；④当地政策性收费项目、内容、标准、依据及政策的适用期限、收费部门。

按例外管理原则，对下列成本异常偏差及其处置办法，应

随时上报：①当地有关法规政策的重大调整；②成本超降率占单项工程成本总额10%以上、占其本身预算成本或计划成本30%以上的项目和事件(包括停工、重大设计变更、计划外增减项目、现场签证、工程质量事故等因素造成的成本增减项目和事件)；③合作条件更改；④补交地价。并且应建立成本信息库,方便各分公司、各项目组互相交流成本控制的经验教训。

第四,分析检查。应定期按开发阶段对房地产成本的结构、差异及其原因、控制措施及其效果进行分析,以及时总结经验教训,做好下一步成本控制工作。分析的重点主要包括：计划及其执行情况；实际成本与预算成本、计划成本对比差异及其原因；分析成本控制措施、效果、存在问题及改进意见、对策；评价、结论与揭示。

(四) 成本控制信息系统

成本控制信息系统由目标成本信息、实际成本信息、成本偏差信息、成交合同信息、合同变更信息、市场价格变化信息组成。对房地产开发项目运作过程而言,其中涉及的成本信息是相当多样而且复杂的,需要对其中的信息进行筛选、整理、加工并适时反馈,才能确保成本控制的有效性。需要定期编制成本报告,以比较预算和实际的差异,分析差异产生的原因和责任归属,更重要的是分析成本改进的办法。同时,需要实行例外情况报告制度,对于预算中未规定的事项和超过预算限额的事项,要保证信息的沟通效率,以便及时做出决策。

(五) 房地产开发成本控制方法

房地产开发全程成本控制的方法主要有以下几种：

第一,确立目标成本控制法。目标成本控制法的基本思想

是制定目标成本，将目标成本按规范的成本结构树层层分解，再通过将预算计划落到部门与行动上，把目标变成可行性的行动计划，并在执行过程中把实际结果与目标进行对比分析，找出差距，分析原因，制定改进措施，使成本控制在预算范围之内。

第二，采用集约管理实现成本精确控制。集约管理控制是对投资决策、规划设计管理、招投标、工程建设、房屋销售等环节，综合集中起来进行系统控制，在各个环节尤其是关键环节，以成本价值为轴线，同时进行系统规划与控制，以克服原来顾此失彼、前后不衔接等弊端。

第三，采用动态控制的思想。在投资预测的基础上制定目标成本，作为项目成本控制的基线，随着项目的深入，当实际成本超出目标时，对目标成本进行调整。随着项目的推进，成本动态发生变动，当动态成本与目标成本发生较大差异时，必须分析产生的原因，并修订目标成本，防止成本失控。

(六) 确定体系健康运行的标准

成本控制中心建立以后，因为涉及多重部门，关系纵横交错，容易出现运行障碍，因此，房地产企业必须及时诊断并调整体系的运行状态，保证成本控制的有效性。房地产企业成本控制体系健康运行的标准主要包括在信息流通方面，保障目标清晰、动态监控、即时显现；运作规范方面，确保流程合理、制度健全及执行有力；在责任心意识方面需要全员保证在全过程中具备成本意识。

二、房地产项目成本分析

房地产企业项目成本分析是指在成本形成过程中，对地产

项目成本进行的对比评价和分析总结工作,它贯穿于项目成本管理的全过程。施工项目成本分析主要利用施工项目的成本核算资料,与目标成本(计划成本)、预算成本以及类似的施工项目的实际成本等进行比较,了解成本变化情况,同时也要分析主要技术经济指标对成本的影响,系统地研究成本变动的因素,检查成本计划的合理性,并通过成本分析,深入揭示成本变动的规律,寻找降低项目成本的有效途径。

(一)成本分析与成本核算的不同

作为企业经济活动重要分析内容之一的成本分析,主要是为内部管理决策服务的。成本核算是企业会计核算的内容之一,其主要目的在于反映和监督企业各项生产费用支出情况,反映和监督成本开支范围规定的执行情况。成本分析与成本核算有着本质区别,二者的差别主要表现在以下示几个方面:

第一,依据的会计规则不同。成本核算必须依据国家通行的会计规则,按统一的分类科目进行成本汇集,按标准的统计指标进行分析。成本分析可根据企业自身管理与分析的特殊需要自行设计成本科目进行统计分析。

第二,采用的方法不同。成本核算必须采用国家统一规定的规范化方法,计算标准的统计指标。而成本分析可根据企业自身管理上的需要,采用多种灵活的计算分析方法,没有特殊的限制。

第三,分析的用途不同。成本核算是为政府机构进行财务核查、审计和征税服务以及为企业财务决算服务的。成本分析则是单纯为企业内部管理服务的,它可以在企业内部进行经营方案决策时和经济效益分析以及在企业经济活动过程中进行控制与管理

时，为企业提供重要的分析资料。当然，成本核算还可为成本分析提供信息资料。

(二) 地产项目成本分析的方法

地产项目成本分析有其特有的方式和方法，具体如下：

第一，比较法，又称指标对比分析法。是通过技术经济指标的对比，检查计划的完成情况，分析差异产生的原因，进而挖掘内部潜力的方法。这种方法，具有通俗易懂、简单易行、便于掌握的特点，因而得到广泛应用，但在应用时必须注意各技术经济指标的可行性。

比较法的应用，通常有三种形式：①将实际指标与计划指标对比。这种形式用以检查计划的完成情况，分析完成计划的积极因素和阻碍计划完成的原因，以便及时采取措施，保证成本目标的实现。②本期实际指标与上期实际指标对比。通过这种对比，可以看出各项技术经济指标的动态情况，反映地产项目管理水平的变动程度。③与本行业平均水平、先进水平对比。通过这种对比，可以反映本项目的技术管理和经济管理与其他项目的平均水平和先进水平的差距，进而采取措施赶超先进水平。

第二，因素分析法，又称连锁置换法或连环替代法。这种方法，可用来分析各种因素对成本形成的影响程度。在进行分析时，首先要假定众多因素中单个因素发生变化，而其他因素则不变，然后逐个替换，并分别比较其计算结果，以确定各个因素的变化对成本的影响程度。

第三，差额计算法，是因素分析法的一种简化形式，它利用各个因素的计划与实际的差额来计算其对成本的影响程度。

第四，比率法，指用两个以上的指标的比例进行分析的方

法。它的基本特点是先把对比分析的数值变成相对数,再观察其相互之间的关系。常用的比率法有三种:①相关比率法,由于项目经济活动的各个方面是互相联系,互相依存,又互相影响的,因而将两个性质不同而又相关的指标加以对比,求出比率,并以此来考察经营成果的好坏。②构成比率法,又称比重分析法或结构对比分析法。通过构成比率,可以考察成本总量的构成情况以及各成本项目占成本总量的比重,同时也可看出量、本、利的比例关系,从而为寻求降低成本的途径指明方向。③动态比率法,是将同类指标在不同时期的数值进行对比,求出比率,以分析该项指标的发展方向和发展速度。动态比率的计算,通常采用基期指数(或稳定比指数)和环比指数两种方法

第二节 房地产项目开发全过程的成本控制

一、各环节成本之间的关系

房地产项目开发具有高风险、高收益、投资期限长的特点。一个项目开发过程需要经过从土地竞买、投资决策、设计、招标、施工到竣工验收、运营维护等环节,每个环节相互制约,相互作用,相互补充,构成了一个全过程的成本控制管理系统。成本控制是一个全过程的控制。以成本控制为中心,房地产企业在土地竞买、决策、设计、招标、施工、竣工各环节,采用组织、技术、经济、合同的控制措施完成各环节成本控制目标,从而实现成本的降低,达到预定的目标。

房地产项目开发各个环节对房地产成本的影响是相互联系

的，但不同的环节对成本的影响程度不一样。投资决策环节及设计环节对成本的影响程度最大，约为70%；施工及竣工验收环节对成本的影响程度为20%；销售、运营及维护等其余环节对成本的影响程度最低，约为10%。房地产项目开发的各个环节既相互独立，又有密切联系，构成一条相辅相成的价值链。房地产企业应从项目策划环节就开始进行项目成本控制，优化项目的设计规划，实现项目质量、成本和进度协调统一。在项目的整个生命周期中，各个环节的成本控制目标是统一的，贯穿于项目的各个环节，即通过有效的成本管理方法使项目增值。

二、开发成本的构成

(一) 开发成本构成的形式

房地产项目开发成本构成有以下三种形式：

第一，直接成本和间接成本。基于经济用途，房地产项目开发成本可分为直接成本和间接成本。直接成本是构成房地产项目实体的费用，包括材料费、人工费、机械使用费、其他直接费用和现场经费。间接成本是企业为组织和管理项目而发生的经营管理性费用。

第二，预算成本、实际成本和目标成本。基于成本的核算方法，房地产项目开发成本可划分为预算成本、实际成本和目标成本。预算成本是指根据施工图计算的工程和预算单价确定的工程预算成本，反映为完成工程项目建筑安装任务所需的直接费用和间接费用。实际成本是指按成本对象和成本项目归集的生产费用支出的总和。目标成本是指按企业的施工预算确定的目标成本，这一成本是在项目经理领导下组织施工、充分挖掘潜力、采取有效的技术组织措施和加强管理经济核算的基础上，预先确定的工程项目的成本目标。

第三，固定成本和变动成本。基于成本与实施所完成的工作量关系，房地产项目开发成本可分为固定成本与变动成本，其中固定成本与完成的工程量多少无关，而变动成本则随工程量的增加而增加。①

（二）开发成本的细分

结合企业财务管理制度和项目开发程序，房地产项目开发成本的划分越来越细致和科学，可操作性也越来越强。其具体可分为十个一级成本子目，具体为：①土地开发费，包括地价、征地及拆迁费、其他费用等；②前期工程费，包括规划、设计、项目可行性研究；水文地质、勘察、测绘、"三通一平"、大市政等支出；③建筑安装工程费，包括企业以发包方式支付给承包单位的建筑安装工程费和以自营方式发生的建筑安装工程费；④基础设施费，包括开发小区内道路、供水、供电、供气、排污、排洪、通信、照明、环卫、绿化等工程发生的支出；⑤公共配套设施费，包括不能有偿转让的开发小区内公共配套设施发生的支出；⑥销售费，包括售楼处、营销策划、销售代理等部门发生的支出；⑦物业启动费；⑧财务费；⑨项目管理费；⑩项目后期不可预见费。

以上十个一级子目基本能涵盖房地产项目开发全过程所发生的成本类型。每个一级子目由若干个二级子目组成，每个二级子目由若干个三级子目组成，依此类推，即组成房地产项目开发成本模板。

---

① 林伟都. 房地产设计管理阶段的成本控制[J]. 住宅与房地产，2018(21)：21.

(三) 开发成本控制准则

1. 三全原则

全面考虑开发项目寿命周期内各项事务的子目细化，全员参与成本控制并将责任落实到人，全程进行有机综合，形成"PDCA"（计划—实施—检查—调整）的良性循环过程。包括房地产开发项目的成本预测与决策、成本计划和实施、成本核算和偏差分析等主要环节，其中以成本计划的制订和计划的实施监控为关键环节。

2. 成本预测及目标是首要环节

因地制宜，灵活运用各种方法，强调适用，避免套用。主动控制，强调事前控制和事中检查纠偏，避免"亡羊补牢"。成本预测需要预见成本的发展趋势，为目标成本决策和成本计划的编制提供依据。房地产项目目标成本是根据成本预测情况、经过认真分析而决定的。成本决策是先提出几个成本目标方案，再从中选择理想的成本目标方案的过程。

3. 运用价值工程

价值工程的研究和应用贯穿于房地产项目的决策、实施以及运营的全寿命周期中，越是前期应用，效果越好。设计成本与使用功能结合、投资收益与社会利益结合、综合效益最大化是全寿命周期成本管理的最终目标。

(四) 投资决策环节的成本控制分析

投资决策环节的成本控制关系到项目投资的成败，项目投资决策的成败直接关系到项目将来发生的实际成本。房地产开发投资具有的综合性、投资额大、建设周期长和涉及面广等特点使房地产投资决策难免出现失误，所以，对一个房地产开发企业而言，如何建立科学的决策机制、正确规避决策中的各种风险，是

成本控制的关键。

1. 投资决策环节的费用构成

投资决策环节要考虑的是整个项目从拟订建议书到建成交付使用的整个过程中所产生的全部费用,现行建设工程项目投资的构成包括两大部分,即建设投资和流动资产投资。其中,最主要的就是建设投资。投资决策环节的费用组成主要包括建筑安装工程投资(直接工程费、间接费、计划利润、税金);施工设备、工器具的购置费;工程建设其他费用(土地使用费、与建设项目有关的其他费用、与企业未来生产经营有关的其他费用);预备费用(基本预备费、涨价预备费);项目建设期贷款所产生的利息。

2. 投资决策环节成本控制的内容及方法

投资决策环节成本控制的内容及方法见表4-1[1]:

表4-1 投资决策环节成本控制的内容及方法

控制要点		控制内容	控制方法	执行部门
开发形式	规划方案	征地费用	少交或晚交,力争减免	工程部负责
		拆迁安置费用	房产确权后办理拆迁安置费用	工程部负责
		大市政费用	自建部分按照公司工程体系走,交政府部分按有关规定办理	工程部、设计部和预算部负责自建部分,工程部负责交政府部分
		规划条件	满足公司利益最大化,合理提高容积率,降低土地成本	研发部、设计部负责

[1] 本节表格引自朱德义. 房地产财务核算与成本控制:图解版[M]. 广州:广东经济出版社, 2018.

续表

控制要点	控制内容	控制方法	执行部门
买断项目	买断内容	明确买断内容明细	工程部负责
	付款总额	为公司争取最大利益	工程部负责
	付款时间	周期长、次数多	项目部负责
	"三通一平"或"七通一平"的标准	明确验收标准明细	工程部、项目部负责
	手续风险	与项目付款时间直接挂钩	项目部负责
合作开发	合作方式	符合总公司要求，有利于子公司	子公司负责
	分成比例	双赢原则	子公司负责
	交房时间	尽可能地延后交房	工程部负责
	交房标准	不低于合同中交房标准	工程部负责
	付款总额	尽可能延后	工程部、财务部负责

（五）设计环节的成本控制分析

控制房地产开发企业项目的建设工程成本，首先应从设计开始，因为设计是工程项目付诸实施的龙头，是工程建设的灵魂，是控制基本建设投资规模、提高经济效益的关键。

1. 影响因素

设计环节成本控制影响因素从以下两方面进行分析：

（1）建筑设计。建筑方案的优劣关系到其余各环节的成本控

制,可以说是单体设计中成本控制的第一步。好的建筑设计需要设计人员在美观舒适与控制成本之间找到一个平衡点。从这个角度考虑,房地产企业可以从以下几个方面考虑建筑设计环节的成本控制。

第一,规划设计方案。在规划设计项目方案时,要根据项目的基本功能和要求,合理安排住宅建筑、公共建筑、管网、道路及绿地的布局,确定合理的人口与建筑密度、房屋间距和建筑层数;布置公共设施项目的规模和服务半径以及水、电、燃气的供应等,并划分上述各部分的投资比例。

第二,建筑的层高和净高。建筑层高和净高对工程费用影响较大。据资料表明,在满足规范的情况下,层高每降低0.1m,就可以节约1%,并有利抗震。

第三,建筑的层数。建筑层数的多少,直接影响着工程费用的高低。低层建筑具有降低工程费用、节约用地的优点。建筑超过6层就要设置电梯,需要较多的交通面积(过道、走廊要加宽)和补充设备(垃圾管道、供水设备和供电设备等)。特别是高层建筑,要经受较强的风力荷载,需要提高结构强度,改变结构形式,使工程费用大幅度上升。建筑层数超过18层和高度超过100m都是较大费用变化的界限,因此,合理地规划建筑层数有利于降低工程费用。

第四,建筑的平面布置。对于同样的建筑面积,若建筑平面形状不同,其工程量和建筑工程费用也不同。一般情况下,正方形和矩形的建筑既有利于施工,又能降低工程造价。另外,在设计单元住宅时,小单元住宅以4个单元,大单元住宅以3个单元,房屋长度在60~80m较为经济,即可以相应降低工程费用。

第五，户型和住户面积。建筑户型分一室户、二室户、三室户和多室户。户室比要根据一般家庭人口组成、生产活动、工作性质等情况来决定。户型和住户面积以及配套功能房和辅助房的数量对工程造价的影响非常大。因此，房地产项目要根据项目的实际情况确定小区内多层住宅、小高层和高层住宅的配比。

(2) 结构设计。结构是建筑的骨架和主体，其造价在土建成本中占有相当大的比重，优秀的结构设计是控制成本的重要部分。根据行内专家的建议，结构设计方面的成本控制主要从以下几个方面考虑。

第一，选择合理的结构体系。结构体系的选择，是结构设计中的第一要素。一般而言，钢结构比钢筋混凝土结构价格高，而钢筋混凝土结构又比砖混结构造价更高。因此，应根据建筑的层数和使用功能。选择合理的结构体系。

第二，优选结构方案。在确定采用何种结构体系之后，还应对结构进行多方案比较。由于现代的建筑平面越来越不规则、体型越来越复杂，加上现在科技更先进，在满足结构安全的前提下，有多种结构方案可供选择，所以应通过比较后，选取一个最佳方案。这种比较是非常有必要的，因为一个优秀的结构方案比一个差的结构方案要节省很多成本。

第三，优化基础设计。建筑基础的合理选型与设计是整体结构设计中一个极其重要的部分。它不但涉及建筑的使用功能与安全可靠性，还直接关系到投资额度、施工进度和对周边现有建筑物的影响；基础的经济技术指标对建筑的总造价有很大的影响，基础的工程造价在整个工程造价中所占的比例较高，尤其在地质

状况比较复杂的情况下，更是如此。①

第四，严格控制计算结果。在结构设计中，设计人员在计算与配钢筋时，常犯的错误有三种：一是计算时取荷偏大，该折减的不折减，该扣除的不扣除；二是在输入计算机时，有意识地将计算参数扩大10%~15%；三是出施工图配筋时，担心计算不准，有意识地将计算结果又扩大10%~15%，所以，其最终出图结果显然比精确计算大很多。因而，作为房地产企业的管理人员，应该与设计人员多沟通，认真审核结构计算书与设计图，及时调整。

2. 规划措施

规划设计环节成本控制的措施主要有以下几个方面：

（1）实行工程造价和设计方案相结合的设计招标方法。目前，房地产项目普遍实行了招投标制度，设计的招投标制度对提高设计水平、促进良性竞争起到了很好的作用。推行工程造价和设计方案相结合的设计招标方法，可以促使设计单位和设计人员不仅在建筑造型、使用功能上动脑筋，而且在如何降低工程造价上下功夫。一个优秀的设计方案既要建筑造型美观，又要造价合理，从而保证项目的经济利益。

（2）实行限额设计。限额设计就是按照批准的设计任务书和投资估算，在满足功能要求的前提下，控制初步设计以及按照批准的初步设计总概算控制施工图设计。同时，各工程在保证达到使用功能的前提下，按分配的投资额控制设计，严格控制设计中不合理的设计变更，保证工程竣工结算不超过总投资额。

---

① 魏欢. 房地产企业经济成本管理探析[J]. 经贸实践，2018（10）：204-205.

在各设计环节，尤其在限额设计目标值确定之前的可行性研究及方案设计时，房地产企业应加强价值工程活动分析，认真选择功能与工程造价相匹配的最佳设计方案。以下提供某房地产企业的限额设计参考意见供参考。

（3）加强设计环节的经济论证。设计环节是工程建设的重要环节，它决定整个工程项目的规模、建筑方案、结构方案，设计方案优化与否，直接影响着房产项目工程总造价，影响着工程建设的综合效益。在方案比较时，可以采用成本一效益分析方法，在满足工程结构以及使用功能的前提下，依据经济指标选择设计方案。设计单位在技术经济分析中应大力开展价值工程方法的应用。价值工程是分析产品功能和成本的关系，力求以最低的产品寿命周期成本实现产品的必要功能，以求获得最佳综合效益的一种有组织的活动和管理方法。

（4）要加强设计出图前的审核工作。加强出图前的审核工作，将工程变更尽量控制在施工之前。在设计环节对设计方案的不足或缺陷加以克服，所花费的代价最小，效果最好。在设计出图前加强对设计图纸的审核管理工作，以求提高设计质量，避免将设计的不足带到施工环节，减少浪费。

（5）有效规范工程招投标制度，推进设计监理制。要切实推行工程招投标制度，房地产企业就要建立一个健康、公平的竞争环境，严厉杜绝不规范的行为发生。只有技术先进、造型新颖、安全适用、经济合理、节约投资基础上的最优设计方案才有可能脱颖而出。随着设计监理制的推进，还可以利用监理作为第三方的特殊位置，使其参与到招投标的全过程，对招投标的整体环境起到约束、监督和协调的作用。

另外,通过设计环节监理,能在一定程度上更正设计工程中出现的技术、经济方面的失误,从而提高设计质量,有效地控制工程造价。具体做法是:当确定设计单位后,建设单位应及时委托监理单位对设计单位的执业资质及参加人员的专业素质进行核定,进而对工程项目设计的全过程进行监理,协调建设单位与设计单位的异议,运用自己的专业知识对设计提出合理建议,必要时请技术人员对设计方案及其重要环节进行技术经济论证。

3. 内容及方法

设计环节成本控制内容及方法见表4-2。

表4-2 设计环节成本控制内容及方法

控制要点	控制内容	控制方法	执行部门
规划方案	(1) 可行性规划设计	①市场信息搜集和分析 ②市政信息分析 ③确立规划要点 ④可行性研究设计任务书 ⑤可行性设计变更	研发部、设计部负责,营销部、预算部配合
	(2) 方案评审	①组成可行性规划评审委员会,对方案进行评审、确定 ②未通过的方案进入可行性设计变更环节,再重新评审	由研发、设计、工程、预算、财务、销售等各部门组成评审委员会,总经理负责
	(3) 设计成果	①根据实际情况对可行性规划设计进行细节调整 ②提前确定设备选型方案	设计部负责,工程部配合
		根据提交的设计成果进行投资估算	预算部负责,设计部、研发部配合
报批设计	(1) 设计方案	根据项目前期运营的情况和市场分析制定设计任务书	设计部负责,销售部配合

续　表

控制要点	控制内容	控制方法	执行部门
		方案设计招投标	设计部
		方案设计评审	招投标评审委员会
	(2) 报批	①注意市政设计 ②注意相关法规，完善自身报批规范性，材料完整	工程部负责，设计部配合
扩初设计	(1) 扩初设计要求	①对报批设计进一步调整设计要求 ②内部审核	设计部负责，知会各部门
	(2) 成本概算	根据扩初设计招投标方案和设备选型、实体研究、环境方案等因素对总成本做出概算	设计部与工程部负责
		制定经营指导书	预算部负责
	(3) 扩初设计图	①根据扩初设计要求招标 ②专家评审 ③内部评审	招投标评审委员会
		设计调整	设计部负责
桩基设计	(1) 地质勘查	①搜集权威地质资料 ②专业人员勘查	设计部负责，工程部协助
	(2) 设计方案评审	①设计2种以上桩基形式 ②由专家进行桩基形式和桩基结构的评审	设计部负责，工程部协助
	(3) 桩基施工图	设计调整	
施工图设计	(1) 施工图设计要求	①根据销售包装设计、桩基设计、功能设计及配套设施等因素，在扩初图基础上确立施工图设计要求	设计部和工程部负责，其他部门协助

119

续　表

控制要点	控制内容	控制方法	执行部门
		②建安施工图中结构造价、建筑造价和环境设施费等约占总造价70%的部分属于设计方可控部分，应严格审核	
	(2)报建与报施图	按政府有关政策交纳政府部门报批费	施工部
	(3)审图与施工配合	互审互签，明确修改意见，设计并洽商	设计部负责，工程部协助，知会销售部
	(4)面积测算	设计图纸测算与实际施工时检验相结合	设计部负责，工程部协助
销售包装设计	—	①结合营销费用控制 ②施工招投标	销售部负责
装修方案设计	(1)方案设计要求	根据扩初设计图、经营指导书和实体研究的结果确定方案设计要求	设计部负责，销售部协助
	(2)材料设备选型成本方案	①市场信息调研 ②根据设计要求确定装修材料和设备 ①制定装修设计目标成本计划明细表 ②装饰综合价格拆分分析	设计部负责
	(3)招投标	制定设计任务书	设计部负责，销售部协助
		评审	招投标评审委员会
功能设计	(1)小区建筑物功能的经济评估	市场调研	销售部负责
		有针对性扩充建筑物功能	设计部负责，销售部、工程部协助

续 表

控制要点	控制内容	控制方法	执行部门
	(2)市政配套方案	①市政状况调研 ②争取政府有利条件	项目部负责
	(3)环境方案设计	根据投资估算和报批标准确立环境设计方案目标成本总额	设计部负责,项目部协助
		招投标	招投标评审委员会
	(4)智能化设计	市场现状分析、智能化必要性分析以及智能化内容控制	营销部负责
		招投标,寻找外部合作,争取双赢	招投标小组组织,总经理负责
	(5)销售承诺	保持各部门与销售部的信息畅通,保障销售承诺与实际功能的一致性	设计部负责,工程部协助
设计变更	(1)设计调整费用	严格按照设计调整流程进行	设计部负责
	(2)设计变更洽商	严格按照设计变更洽商流程进行	设计部负责,工程、营销部配合
材料设备	(1)选型	在扩初图确定前确定材料设备,使设计在图纸阶段就考虑了材料设备的安装	设计部负责,工程部协助
	(2)方案确定时间		
	(3)采购	招投标	招投标评审委员会
其他费用	物业管理完善费	限额设计	预算部

(六)招投标环节的成本控制分析

1. 推行工程招投标制的影响

房地产开发项目推行工程招投标制对降低工程造价,使工程

造价得到合理的控制具有非常重要的影响。这种影响主要体现在以下几个方面：

第一，推行招投标制能够不断降低社会平均劳动消耗水平，使工程造价得到有效的控制，更为合理。

第二，推行招投标制基本上形成由市场定价的价格确定机制，使工程造价趋于合理，有利于节约投资，提高投资效益。

第三，推行招投标制有利于规范价格行为，使公开、公正的原则得以贯彻。

第四，推行招投标制有利于供求双方更好地选择，使工程造价更加符合价值基础。

2.招标过程中的成本控制相关措施

房地产项目工程招投标包括设备、材料采购招投标和施工招投标两个方面，通过招投标，开发商选择施工单位或材料供应商，这对项目投资乃至质量、进度的控制都有至关重要的影响。因此，在招标过程中的成本控制，应贯彻落实以下几个方面的措施。

第一，招标工作应遵循公平、公开、公正、诚信的原则。招标前，应严格审查施工单位资质，必要时进行实地考察，避免"特级企业投标，一级企业转包，二级企业进场"等不正常现象，这些不正常现象对项目成本控制非常不利。

第二，做好招标文件的编制工作。造价管理人员应收集、积累、筛选、分析和总结各类有价值的数据、资料，对影响工程造价的各种因素进行鉴别、预测、分析、评价，然后编制招标文件。对招标文件中涉及费用的条款要反复推敲，尽量做到"知己知彼"，以利于日后的造价控制。

第三，合理低价者中标。目前推行的是工程量清单计价报价

与合理低价中标制度，开发商应杜绝一味寻求绝对低价中标，以避免投标单位以低于成本价恶意竞争。所谓合理低价，是在保证质量、工期前提下的低价。

第四，做好合同的签订工作。应按合同内容明确协议条款，对合同中涉及费用的条款如工期、价款的结算方式、违约争议处理等，都应有明确的约定。在签订的过程中，对招标文件和设计中不明确、不具体的内容，通过谈判，争取得到有利于合理低价的合同条款。同时，正确预测在施工过程中可能引起索赔的因素，对索赔要有前瞻性，以有效避免过多索赔事件的发生。此外，应争取工程保险、工程担保等风险控制措施，使风险得到适当转移、有效分散和合理规避，提高工程造价的控制效果。工程担保和工程保险是减少工程风险损失和赔偿纠纷的有效措施。

第五，通过招标选择监理单位。好的监理队伍不仅可以把好工程质量关，而且可以帮助业主把好经济效益关，控制工程成本的支出。开发商在确定监理单位时应进行公开招标，选择三家以上的监理单位进行投标报价，从中选出监理费用低、技术力量强、业绩好、信誉高的监理单位来进行监理。在办理工程洽商时要有监理人员签字才能生效，监理人员对洽商内容在技术上是否可行、经济上是否合理都有发言权。

3. 编制标底的关键点

编制标底时的关键有五个关键点：一是标底作为业主的期望价格，应力求与市场的实际变化相吻合，要有利于竞争并保证工程质量。二是标底应由直接工程费、间接费用、利润、税金等组成，一般应控制在批准的总概算（或修正概算）及投资包干的限额内。三是标底必须适应建筑材料采购渠道和市场价格的变

化，考虑材料差价因素并将差价列入标底。四是标底价格应根据招标文件或合同条件的规定，按规定的工程发承包模式，确定相应的计价方式，考虑相应的风险费用。五是以定额计价法编制标底。定额计价法又可以分为单位估价法和实物量法两种。①单位估价法根据施工图纸及技术说明，按照预算定额规定的分部分项工程子目，逐项计算出工程量，再乘以定额单价（或单位估价表）确定直接费用。然后按规定的费用定额确定其他直接费用、现场经费、间接费用、计划利润和税金，还要加上材料调价系数和适当的不可预见费，汇总后即为标底的基础。②实物量法根据图纸计算各分项工程的实物工程量，分别套取预算定额中的人工、材料、机械消耗指标，并按类相加，计算出单位工程所需的各种人工、材料、施工机械台班的总消耗量，然后分别乘以人工、材料、施工机械台班市场单价，计算出人工费、材料费、施工机械使用费，再汇总求和。对于其他直接费用、现场经费、间接费用、计划利润和税金等费用的计算，则根据当时当地建筑市场的供求情况具体确定。

4. 评标时的关键点

评标时的关键点主要有：①经初审后，以合理低标价作为中标的主要条件，中标人的投标应当符合招标文件规定的技术要求和标准。②若采用综合评价法，最大限度地满足招标文件中规定的各项综合评价标准的投标者，应当推荐其为中标候选人。

5. 招投标环节内容及方法

招投标环节成本控制内容及方法见表4-3。

表4-3 招投标环节成本控制内容及方法

控制要点	控制内容	控制方法	控制部门
投标单位的选择	(1) 资质 (2) 管理水平 (3) 技术力量 (4) 历史记录 (5) 资金实力 (6) 合作经历	①建立承建商、工程监理、材料及设备供货商名册及资料库 ②从公司认可名册中的承建商、供货商、监理公司中选择投标单位 ③主办部门推荐5家投标单位报招投标工作组 招投标工作小组审核、考察、评估、筛选3家以上投标单位报招投标评审委员会及主管领导	·工程部负责工程监理招投标合同 ·设计部负责设计、环境、装修招投标合同 ·预算部负责材料设备招投标合同 ·营销部负责营销、包装招投标合同 ·招投标评审委员会审核 ·主管领导批准
招投标文件	各类合同的招投标书内容应包含： (1) 工期 (2) 工程造价或取费标准 (3) 质量要求 (4) 付款方式 (5) 招标范围 (6) 结算方式 (7) 验收标准 (8) 投标注意事项 (9) 废标条件 (投标书必须加盖投标单位法人印章) (10) 接标时间 (11) 开标时间 (12) 定标方 (13) 投标单位补充意见	主办部门起草、制定招投标标准文件 招投标工作组审核	

续表

控制要点	控制内容	控制方法	控制部门
	(14) 标准合同条文		
	(15) 图纸、其他要求等		
评标和定标	(1) 技术性评标和定标 (2) 经济性评标和定标	优先顺序 ①技术评标 ②经济评标 ③合作经历	·技术部门负责技术评标 ·预算部负责经济标书的评标 ·财务部负责审核广告包装费
		综合审核投标单位，评定中标单位	·招投标评审委员会审核、评定 ·主管领导批准

(七) 采购环节的成本控制分析

采购环节涉及的费用主要是材料费用，材料费用一般占工程总费用的 65%~75%，所以它对工程成本和利润的影响很大。

1. 采购预算的制定

采购预算是在具体实施项目采购行为之前对项目采购成本的一种估计和预测，是对整个项目资金的一种理性的规划，它不单对项目采购资金进行了合理的配置和分发，还同时建立了一个资金的使用标准，以便对采购实施行为中的资金使用进行随时的检测与控制，确保项目资金的使用在合理的范围内浮动。有了采购预算的约束，才能提高项目资金的使用效率，优化项目采购管理中资源的调配，查找资金使用过程中的一些例外情况，有效控制项目资金的流向和流量，从而达到控制项目采购成本的目的。

2. 采购计划的制定

为了使材料供应与需求相适应，需要编制材料采购计划。

(1) 编制材料供应计划

材料供应计划的编制要经过的步骤包括：技术部门按施工计划及施工预算，提供年、季、月工程项目、工程量、投资计划及单项工程年、季度需要主要材料明细表，同时提出三大材料节约指标及措施；工程所需的特殊材料和专用工具应由技术部门协助各承包单位按工程任务书提出计划，年初或季初交物资部门备料；物资部门根据各承包单位提出的需用材料计划，在充分利用库存物资的基础上，做好物资平衡工作，及时编报材料采、订、购计划。材料计划供应量的计算公式为：

材料计划供应量=材料需要量+期末库存量-期初库存量

由于期初库存量是已知的，因此问题的关键是要确定计划期的材料需要量和期末库存量。

①计划期材料需要量的制定。由于目前的水电建筑市场发育不完善，而工程的中标价格却是按市场的供求关系形成的，套用的又是旧的定额，尽管经过十余年不同程度的调整，但预算成本仍很难反映社会建筑业生产经营管理水平，所以根据技术组织措施计划，制订降低成本计划是十分必要的。由于材料费属于变动成本，所以在计划成本的基础上按不同工程量水平制定弹性成本也是比较容易的。

材料需要量是计划期内保证施工正常进行所必须消耗的材料数量，它的计算公式为：

材料需要量=计划工作量×计划消耗

材料需要量确定的准确与否，直接影响材料供应计划的质量，因此必须做好各项基础工作。

②计划期末材料储备量的制定。由于材料供应与需求之间存在着时空的差异,所以在客观上形成了材料储备。材料储备并不是越多就越好,而是要有一个度,即要制定材料储备额。确定材料储备额常用的方法是经济订购批量法。

经济订购批量就是项目一定期间的材料存货相关总成本达到最低的一批采购数量。与存货相关的成本,是指为形成和维持材料采购管理而引起的各项费用支出,其总额随材料数量、价格等属性的变化而增减,主要由订货成本、购买成本、储存成本和缺货成本四部分构成。确定经济订购批量的目的,就是使与材料有关的上述四项成本总和达到最低。

根据施工项目的一般情况来看,由于订货成本和储存成本相对较小,重点要考虑购买成本和缺货成本之和的最小化,最终得出一定期间的经济采购量。

(2) 编制采购计划

根据材料的需用计划和经济采购量的分析结果以及将要选择的合同类型编制采购计划,说明如何对采购过程进行管理。主要内容包括:合同类型;组织采购的人员;管理潜在的供应商;编制采购文档;制定评价标准等。采购计划一般由项目物资部门制定。根据项目需要,采购管理计划可以是正式、详细的,也可以是非正式、概括的,关键强调其正确性、及时性和可执行性。

3. 采购询价的管理

采购询价就是从可能的卖方那里获知谁有资格、谁能以最低成本完成材料采购计划中的供应任务,确定供应商的范围,该过程的专业术语也叫供方资格确认,获取信息的渠道有招标公告、行业刊物、专业建筑网站等。做好采购询价管理,需要充分利用

计算机管理系统，借助网络优势，快速地浏览和获取需要的信息，从而保障采购询价管理，得到询价结果的高效率。

4. 供应商的选择

供应商是项目采购管理中的一个重要组成部分，项目采购时应该本着公平竞争的原则，给所有符合条件的供应商提供均等的机会，一方面体现市场经济运行的规则，另一方面也能对采购成本有所控制，提高项目实施的质量。因此，在供应商的选择方面要注意两方面问题：一方面，选择供应商的数量。一般情况下，供应商的数量以不超过3~4家为宜。另一方面，选择供应商的方式。主要包括公开竞争性招标采购、有限竞争性招标采购、询价采购和直接签订合同采购，四种不同的采购方式按其特点来说分为招标采购和非招标采购。在项目采购中采取公开招标的方式可以利用供应商之间的竞争来压低物资价格，帮助采购方以最低价格取得符合要求的工程或货物。多种招标方式的合理组合使用，也有助于提高采购效率和质量，从而有利于控制采购成本。

5. 采购环境的分析

充分利用采购环境的一个重要内容就是熟悉市场情况、了解市场行情、掌握有关项目所需要的货物及服务的多方面市场信息。例如，结合所采购货物或服务的种类、性能参数、质量、数量、价格的要求等，了解熟悉国内、国际市场的价格及供求信息，所购物品的供求来源、外汇市场情况、国际贸易支付办法、保险合同等有关国内、国际贸易知识和商务方面的情报和信息。这就要求项目组织建立有关的市场信息机制，以达到有效利用采购环境的目的。

良好的市场信息机制包括三个方面：①建立重要货物供应商

信息的数据库，以便在需要时能随时找到相应的供应商，并了解到这些供应商的产品或服务的规格性能及其他方面的可靠信息；②建立同一类货物的价格目录，以便采购者能进行比较和选择，充分利用竞争的。办法来获得价格上的利益；③对市场情况进行分析和研究，做出市场变化的预测，使采购者在制订采购计划、决定如何发包及采取何种采购方式时，能有可靠而有效的依据作为参考。

只有建立良好的市场信息机制，才能在项目采购中做到知己知彼，并对采购环境有充分的了解和把握，使采购者处于供需双方的有利地位，获得价格上的优势，不仅取得高质量的货物或服务，也能有效控制成本。而如果缺乏了对相关信息的了解，会造成采购工作的延误，采购预算的超支，失去成本控制的优势。

6. 采购合同的签订

选择供应商的主要参照条件就是在采购询价环节的评价结果，当然也要参照其他标准，如供应能力、历史信誉等。例如具体确定商品混凝土的供应商时一般都要考虑不少于两家供应商，以防供应不及时导致停工风险的发生。采购合同就是在确定供应商后，项目与供应商之间签订的确保双方履行约定的一份法律文件。在签订之前，需要对合同类型进行选择，因为不同的合同类型决定了风险在买方和卖方之间分配。项目的目标是把最大的实施风险放在供应商，同时维护对项目经济、高效执行的奖励。

常见的采购合同可分为以下几种：①成本加奖励费合同。主要用于长期的、硬件开发和试验要求多的合同。②固定价格加奖励费用合同。主要用于长期的高价值合同。③固定总价合同。适用于易于控制总成本的项目，其风险最小。

7. 采购环节成本控制要点与内容

材料及设备采购环节成本控制的核心要素是计划和信息，通过明确而科学的流程，就可以最大限度地减小在该环节出现损失的概率，达到成本控制的目的。具体流程见表4-4。

表4-4 采购环节控制要点、内容、方法以及部门

控制要点	控制内容	控制方法	控制部门
材料进场	采购招投标及订立合同时间	—	工程部
	生产周期	与工程进度相配合	
	运输周期	具体与采购点远近相对应	
	安装、验收周期	与工程进度相配合	
	交叉作业时间	与工序安排相联系	
	市场信息	日常搜集市场信息，建立材料市场信息库	采购部
	技术参数	材料设备的技术参数由设计部确定或封样	设计部
	招投标	必须招投标的材料设备要制订招投标计划；不需要招投标的材料设备采用3家以上厂家报价选择	工程部
材料的性能价格比材料的性	市场信息	日常搜集市场信息，建立材料市场信息库	预算部
	技术参数	材料设备的技术参数由设计部确定或封样	设计部
	招投标	必须招投标的材料设备要制订招投标计划；不需招投标的材料设备采用3家以上厂家报价选择	预算部

续 表

控制要点	控制内容	控制方法	控制部门
材料款支付	材料款支付方式	预付款限额控制	经办部门（工程部或设计部）
	材料款支付进度	首次验收后付款总额进度控制	
	保修款	保修款一般不低于合同总价的5%，依据合同中约定付款	
材料验收	数量验收	几方共同确认现场到货数量	甲方工地代表或专业工程师负责监控验收
	质量验收	外观质量的验收	工程部
		安装后质量的验收	
		投入使用后的质量验收	采购部
材料保管与保修	材料保管	在合同中明确货物的卸货和保管的责任承担者	工程部
	材料保修	用合同的方式明确保修责任和保修期	

（八）工程管理环节的成本控制分析

在房地产开发企业的所有成本中，建安成本所占比例最大，也是变数最多的部分。建安成本的控制对象是工程项目，它是工程项目施工过程中各种耗费的总和，它从项目中标签约开始，到施工准备、现场施工、竣工验收等，每个环节都离不开成本控制工作，其主要涉及的费用有人工费用、材料费用、其他费用（机械使用费用、辅助工程费用、临时设施费用等）。

1. 成本控制原则

工程施工环节成本控制应遵循以下原则：

第一，目标控制原则。目标控制原则是管理活动的基本技术和方法，它是把计划的方针、任务、目标和措施等加以逐一分解落实。在实施目标管理的过程中，目标的设定应切实可行，越具体越好，要落实到部门、班组，甚至个人；目标的责任要全面，既要有工作责任，更要有成本责任，做到责、权、利相结合，对责任部门（个人）的业绩进行检查和考评，并同其工资奖金一同计算，做到赏罚分明。

第二，全面控制原则。全面控制包括两个含义，即全员控制和全过程控制。①全员控制。建安成本控制涉及项目组织中所有部门、班组和员工的工作，并与每一位员工的切身利益有关，因此，应充分调动每个部门、班组和每一个员工控制成本、关心成本的积极性，真正树立起全员控制的观念，才能有效地控制成本。②全过程成本控制。项目建安成本的发生涉及项目的整个周期即项目成本形成的全过程，因此成本控制工作要伴随项目施工的每一环节，只有在项目的每一环节都做好控制工作，才能使工程建设成本处在有效控制之下。

第三，动态控制原则。建安成本控制是在不断变化的环境下进行的管理活动，所以必须坚持动态控制的原则。所谓动态控制原则，就是将工、料、机投入到施工过程中，收集成本发生的实际值，将其与目标值相比较，检查有无偏离，如无偏离，则继续进行，否则要找到具体原因，采取相应措施。

2. 成本控制措施及方法

工程施工环节的成本控制内容有多种，一般从组织、技术、经济、合同管理等几个方面采取有效控制措施。

（1）采取组织措施控制工程成本。组织措施是项目的组织方

面在施工组织的指导下采取的措施,是其他各类措施的前提和保障。采取组织措施抓好成本控制,才能使企业在市场经济中立于不败之地。

控制工程成本的组织措施有以下几方面:

第一,编制施工成本预测报告,确立项目管理成本目标。编制成本预测可以使项目经理部人员及施工人员无论在工程进行到何种进度,都能事前清楚自己的目标成本,以便采取相应手段控制成本,做到有的放矢,这是做好项目成本控制管理工作的基础与前提。

第二,在项目内部实施成本责任制。施工成本管理不仅是项目经理的工作,工程、计划、财务、劳资、设备各级项目管理人员都负有成本控制责任。通过成本责任制分解责任成本,层层签订责任书。量化考核指标,把责任成本分解落实到岗位、员工身上,做到全员落实的新局面。

第三,优化项目成本控制体系,目标成本落实到人。工程项目的成本控制体现在各级组织管理机构下,需针对项目不同的管理岗位人员,做出成本耗费目标要求。项目各部门和各班组应加强协作,将责、权、利三者很好地结合起来,形成以市场为基础的施工方案、物资采购、劳动力配备,形成经济优化的项目成本控制体系。

落实到部门的施工环节成本控制责任具体见表4-5。

表 4–5 施工环节成本控制责任

控制要点	控制内容	控制方法	控制部门
设计变更环节	变更评估	(1) 项目前期规划、定位要全面、准确，尽量避免施工中的重大设计调整 (2) 加强施工前的审核工作。全面考虑工程造价，对可能发生变更的地方要有预见性，并予以事先约定 (3) 各部门全面评估变更带来的各种变化，为审批提供参考依据	(1) 预算部负责计算 变更费用(含可能引起的索赔) (2) 甲方项目代表执行修改的工期评估 (3) 预算部成本管理人员负责计算变更后的成本现状
	变更的审核签认	(1) 根据变更原因将设计变更分成四类，不同类别按相应的审核签认流程进行	工程部，营销部，审计部
		(2) 设计变更通知单	发生变更项目的负责人
		(3) 变更必须有设计单位、设计部、工程部、监理单位和施工单位共同签字后，才能生效	经办部门
	变更的审批	主管总经理审批后可进行变更	主管总经理
施工现场签证	签证的必要性	现场签证的确认应严格按照合同中所约定的条款执行	经办部门(设计部或工程部)
	签证的时限	现场签证确需发生，应坚持"当时发生，当时签证"的原则	
	签证的工程量	认真核对签证的工程量。签证的内容、原因、工程量应清楚准确、无涂改，签证编号准、全，并有监理工程师的签字确认	经办部门(设计部或工程部)

续 表

控制要点	控制内容	控制方法	控制部门
签证的审批		(1) 施工洽商通知单	发生变更项目的负责人
		(2) 必须遵循"先洽后干"的原则，在确认签证前，应按相应审批程序报审，通过后方可正式签证	主管总经理
签证的反馈		对工程变更应定期进行分类汇总统计分析，并根据统计资料对控制工程变更提出改进意见	资料工程师
审图	(1) 扩初图会审 (2) 施工图会审 (3) 分项、分布图会审 (4) 各专业技术图纸会审	(1) 图纸多层次会审会签及审批制度 (2) 各专业互审互签制度 (3) 力争在开工前把图纸中的问题修改完	甲方技术负责人
总分包配合费	(1) 分包方式 (2) 分包内容 (3) 分包的责任界定	(1) 通过投标确定配合费 (2) 应避免在施工过程中修改分包方式、分包内容、范围而增加工程成本	甲方代表
材料供应	(1) 选型 (2) 材料供应方式 (3) 材料计划 (4) 预留时间	(1) 施工所用的各项材料的选型应在材料招标前确定 (2) 先确定材料供应方式，通过招标确定相关费用 (3) 限时编制材料计划 (4) 材料计划签认 (5) 要考虑可能出现的问题，留出相应的时间	设计部 预算部组织，工程部参加 甲方代表 经办部门
工程款的支付	(1) 付款进度 (2) 工程进度	(1) 按合同约定执行付款	(1) 甲方代表与监理工程师审核完成形象部位

续 表

控制要点	控制内容	控制方法	控制部门
		(2) 按进度付款	(2) 预算人员审核工程价值量
		(3) 多层次多角度审核工程进度	
	付款的审批	根据情况由不同级别人员最终审批	主管副总经理或总经理

(2) 采取技术措施控制工程成本。控制工程成本的技术措施具体如下:

第一,优化施工组织方案。项目管理者根据工程特点和工程建设的不同环节,制定先进可行、经济合理的施工方案,优化施工组织设计,以达到缩短工期、提高质量、降低成本的目的。施工组织设计是工程施工的技术纲领,它的先进性、适用性将直接关系到工程质量、安全、工期,最终将影响到工程项目的成本,正确选择施工方案是降低成本的关键所在。

第二,确保工程施工质量。因质量原因造成的返工,不仅会造成经济上的直接损失,而且可能会影响工程的施工进度,如果因此影响了工程的如期竣工,就可能会引起业主的索赔。因此,施工技术人员必须严把质量关,杜绝返工现象,缩短验收时间,节省费用开支。

第三,合理确定施工工期。施工工期是一种有限的时间资源,施工项目管理中的时间管理非常重要。当施工工期变化时,会引起工程劳动量(人工与机械)的变化。同一工程项目,工期不同,工程成本就不同。因此,合理的施工进度安排,最大限度地缩短工期,将减少工程费用,使施工单位获得较好的经济

效益。

第四,积极推广运用新工艺、新技术、新材料。在施工过程中,加大科技进步与提高工程质量的结合力度,努力提高技术装备水平,积极推广运用各种降低消耗、提高功效的新技术、新工艺、新材料、新设备,提高施工生产的技术含量,最大限度地节约建设成本,提高经济效益。

(3)采取经济措施控制工程成本。经济措施是最易为人所接受和采用的措施,管理人员应以主动控制为出发点,及时控制好工程中的各种费用,尤其是直接费用。主要包括对人工费用、材料费用、机械费用等的控制。

人工费用的控制管理。人工费用占全部工程费用的比重较大,一般在10%左右,所以要严格控制人工费用。要从用工数量方面控制,有针对性地缩短某些工序的工日消耗量,从而达到降低工日消耗的目的,控制工程成本。改善劳动组织,减少窝工浪费,加强技术教育和培训工作,加强劳动纪律,压缩非生产用工和辅助用工,严格控制非生产人员比例。实行合理的奖惩制度,完善内部成本激励机制。将岗位责任、工作目标、成本内容与工程项目部每个人的工资奖金挂钩,上下浮动,促使全体员工在实现各自成本责任目标的同时,实现整个企业的成本利润目标。

材料费用的控制管理。材料费用一般占全部工程费用的65%~75%,直接影响工程成本和经济效益,一般的做法是按量价分离的原则,做好下表所示几个方面的工作:

第一,材料用量的控制。首先是坚持按定额确定材料的消耗量,实行限额领料制度;其次是改进施工技术,推广使用降低料耗的各种新技术、新工艺、新材料;再就是对工程进行功能分析,

对材料进行性能分析，力求用低价材料代替高价材料，加强周转料管理，延长周转次数等。

第二，材料价格的控制。价格主要由采购部门在采购中加以控制，首先对市场行情进行调查，在保质保量的前提下，择优购料；其次是合理组织运输，就近购料，选用最经济的运输方式，以降低运输成本；再就是考虑资金的时间价值，减少资金占用，合理确定进货批量与批次，尽可能减少材料储备。

第三，减少损耗。改进材料采购、运输、收发、保管等方面的工作，减少各环节的损耗，节约采购费用；合理堆置现场材料，避免或减少二次搬运。

第四，加强监督，减少浪费。实行施工过程监督，项目负责人要保证材料的使用严格按施工工艺要求进行，违章操作会造成不必要的材料浪费。

第五，加强物资核算管理。项目部每月末应进行物资盘点，依据工程数量、施工配合比等计算主要材料节超情况，针对发现的问题及时查找原因，制定纠偏措施，堵塞漏洞。

机械费用的控制管理。机械费用的控制措施主要有以下几方面：

第一，正确选配和合理利用机械设备，搞好机械设备的保养修理，提高机械的完好率、利用率和使用率，从而加快施工进度，增加产量，降低机械使用费。

第二，量减少施工中消耗的机械台班量，通过合理的施工组织和机械调配，提高机械设备的利用率和完好率，同时加强现场设备的维修、保养工作，降低大修、经常修理等各项费用的开支，避免不当使用造成机械设备的闲置。

第三，制定合理的定额管理制度，实行单机核算、单项考核、责任到人、奖惩分明的考核办法，如此才能收到控制机械作业成本的实效。

第四，实行机械操作人员收入与产量及设备保管好坏挂钩，调动机械操作人员积极性。

第五，加强租赁设备计划管理，充分利用社会闲置机械资源，从不同角度降低机械台班价格。

加强质量管理，控制返工率。在施工过程中要严格把好工程质量关，始终贯彻"至诚、至精、更优、更新"的质量方针，各级质量自检人员定点、定岗、定责，加强施工工序的质量自检和管理工作，将其真正贯彻到整个过程中，采取防范措施，消除质量通病，做到工程一次性成型，一次性合格，杜绝返工现象发生，避免造成人、财、物的浪费。

加强合同管理，控制工程成本。合同管理是工期企业管理的重要内容，也是降低工程成本、提高经济效益的有效途径。项目施工合同管理的时间范围应从合同谈判开始，至保修日结束止，尤其要加强施工过程中的合同管理，抓好合同的攻与守。"攻"意味着合同执行期间密切注意我方履行合同的进展情况，以防止被对方索赔。合同管理者的任务是熟知合同字里行间的每一层意思，及时避免每一层的不当或延误而造成成本增加的情形。

3. 施工薄弱环节的成本控制

在目前的工程管理过程中，质量监督、进度控制机制已经比较完善，但招投标、工序安排、工程变更和材料价格等的成本控制工作恰恰是施工管理中的薄弱环节。由于成本控制工作做得不到位，工程虽能按期保质完成，但未能达到预期的收益，这是房地产开发企业中非常普遍的一个问题。工程施工薄弱环节的成本需要通过以下措施来加以控制：

第一，严格进行工程招标，控制新开工程的造价。通过招投标制度选择信誉高、工期短、技术力量强、施工质量好、造价适中的施工队伍。建设单位签订承包合同是关键，要把主要内容在合同中予以明确。要根据建筑市场行情、建筑业的一般惯例和有关规范，就施工中可能产生的职责不清、互相扯皮、影响造价、延误工期等因素进行事先约定，经法律形式确定下来，确保双方按约履行。

第二，合理安排施工顺序，减少临时费用。在组织住宅小区的施工、安排开工计划时，要考虑到附属配套及大、小市政工程能否与住宅工程同步进行，尽量不发生临时供水、供电、供热的费用，并减少二次施工造成的人力、物力、财力的浪费。在建设小区道路前，即可进行各类管道的铺设，减少二次开挖，避免施工企业因现场施工的原因向开发企业索赔，从而降低成本。

第三，建立工程变更制度，降低工程成本。工程变更是编制预算增减账的依据，是施工企业在中标后提高造价、增加收入的主要手段，作为监理工程师，加强工程洽商的管理，防止不正当的索赔，建立规范的变更制度是非常必要的。变更管理制度的内容要确定工程、规划、预算合同等有关部门在签办工程洽商时的责任，分工必须明确，权力不宜过分集中。签办变更要注意以下事项：

（1）施工前应严格审图，尽量少改动，少办洽商，减少造价增加的幅度。

（2）结算时要特别注意减账洽商，防止施工企业漏报。

(3)变更应先办洽商手续,有了手续后再施工。在工程施工中,工程人员往往考虑工程进度,先按变更的情况施工,然后再补洽商手续。这样做的弊病是无法核实已完成的隐蔽工程,从而导致在工作中出现被动情况。如果工程进度要求紧,也要变更和施工同步进行,增、减账及时审核,避免出现无法核实的情况,引起双方不必要的争议。

(4)变更内容既要满足工程施工及使用功能的需要,又要考虑经济合理和投资节约。凡是因施工企业出于施工方便签办的变更增账,原则上不予补偿,并应在洽商中予以注明。

第四,严格控制材料、设备价格。做好市场价格的管理工作,掌握价格的变动趋势,特别是大宗材料设备订货,应货比三家,在满足施工的前提下,把握好订货的时机。要树立成本意识,形成成本控制机制。材料设备费在工程的建安造价中约占70%,甚至更高,因此,材料设备费应是建安成本控制中的重点。只要是施工企业自行采购的材料,重点是对指导价的材料控制,可以采取限价的手段进行。

材料限价的原则主要包括:明确加工订货的责任者是施工单位,业主与监理工程师适当参与,参与的目的是控制材料的采购价格,但不能包办代替;可以推荐厂家但不指定厂家;监督材料的质量;在保证质量的前提下合理限价;这种材料限价的做法,体现了风险共担的原则,适应当今建材市场的状况。

第五,加强竣工结算的审核。结算工程必须按设计图纸及合同规定全部完成,要有竣工验收单,如有甩项应在验收单中注明,结算中予以扣除。应做好工程洽商签证及预算增减账的清理,重点做好材料价差及竣工调价的审定工作,审核时应与原招

标文件对照，标底内已含项目不能重复出现。要严格按合同及有关协议的规定，合理确定技措费、提前工期奖、优质奖等相关费用。认真实行结算复审制度及工程尾款会签制度，确保结算质量。

第三节 基于目标管理的房地产开发项目成本控制探讨

在我国房地产业飞速发展、房地产市场逐渐呈现出成熟化发展状态的情况下，房地产企业面临的市场竞争更加激烈，在一定程度上促使房地产企业在开展项目开发的过程中必须加强成本控制，创造更大的经济效益，促进整体竞争力的提升。因此，为了能够推动房地产开发项目成本控制工作呈现出科学化发展状态，可以尝试引入目标管理思想，增强成本控制工作的科学性，为房地产企业的发展提供有效地支持。[①]

对房地产开发成本进行系统的研究，其主要是房地产开发企业在建设和发展实践中，将一定数量的商品房作为核心所支出的全部费用，一般情况下房地产开发成本涉及土地成本、前期费用、工程成本、营销成本、管理成本以及财务成本几个方面。按照成本属性进行划分，财务成本、土地成本以及管理费用等一般能够在项目初期完成确定工作，在后期项目开发工作中也不会出现较大的变动，能够实现有效控制。而工程成本、前期费用成本以及营销成本等则会受到项目开发过程中多种因素的影响发生变化，往往会出现前后较大差异的情况，只有采取有效的措施才能

---

① 汪博，张汗青.浅谈房地产成本管理管控重点[J].四川水泥，2018(08)：199.

提高可控性。

因此，在房地产开发项目中，应该加强对工程成本、前期费用成本以及营销成本的控制，争取为房地产项目开发提供良好的支持。同时，房地产开发项目中成本控制工作涉及开发的全过程各个环节。通过建立基于目标管理的房地产开发项目目标成本管理体系加强成本控制，具体要采取以下措施和方法：

第一，建立目标成本管理体系。在对实践研究结果进行整合分析的基础上，可以发现在房地产开发项目中是否能够实施积极有效的目标成本管理可以反映企业的管理水平，企业在综合项目开发实践中构建目标成本管控管理体系，实际上就是结合项目开发情况确定目标成本，将目标成本作为核心对成本结构树进行科学的分解，最终借助预算计划的支持将目标成本管理在各个部门执行工作中落实，真正将目标成本控制转变为项目开发方面的行动计划，并且在执行过程中将结果与预期目标进行对比，及时发现问题并进行有效改正。

第二，在分解目标成本的基础上促进岗位责任成本体系的建立。在对目标成本进行明确的基础上，还要尝试结合管理需求探索岗位责任成本体系的构建，辅助目标成本管理工作的落实。在构建岗位责任成本体系的基础上，能够对房地产开发项目中涉及的专业职能部门职责进行明确，使专业职能部门参与到成本管理工作中，并分析技术经济指标反馈职责的履行情况，通过考核评价结果对职责的履行情况形成更为全面的认识。对于房地产开发项目而言，责任成本体系的构建，实际上能够对目标成本管理体系中业务主体和业务内容加以明确，可以促进成本管理体系架构的分解和落实。

第三，项目论证阶段的成本控制。针对项目拓展和论证阶段的实际工作情况对成本控制方面的重点工作进行分析，发现主要工作内容在于促进土地成本的控制，在实际控制过程中将地价、各类补偿费、土地动拆迁补偿费等的管理和控制作为重点内容。一般情况下在房地产开发项目建设的整合过程中，土地成本的变动都相对较小，因此需要重点关注拿到土地时的成本工作，在实际工作中可以采用投标报价、严格控制交地及付款风险等增强成本控制的科学性和有效性。

第四，施工阶段的成本控制。主要包括以下几项：

（1）工程承包商选择管理、材料设备供应商管理：在已经初步建立目标成本的基础上，房地产开发项目的成本管理部门要及时完成成本测算值拆分工作，如按照土建、消防、弱电、安装等进行拆分，实现对成本控制指标的具体化处理，进而辅助开展工程承包商以及材料供应商的选择和控制工作。同时，还应该在对投标单位资格预审制度以及评估考核制度进行完善的情况下对工程承包商以及材料供应商进行评估，促进承包商和供应商之间的公开、公平竞争，为成本控制工作的优化开展提供相应的支持。

（2）成本动态台账。所有开发项目必须建立单独的成本动态台账，每季度末向总部成本管理部提交项目预控成本对应动态成本的分项差异分析，成本动态信息由成本管理部门负责及时录入和整理，包括但不限于成本动态报表、经审批的招标文件、已签订的合同、施工图纸、经批准的设计变更以及工程签证等。

（3）工程款管理。工程款的支付包括合同定金、工程进度款、材料及设备到货款、结算余款、退还履约保证金及保修金等，工程款的支付必须严格遵守合同约定，以合同为依据，执行公司制

度中对付款流程和审批权限的各项规定，申报付款的资料必须完整、及时、准确。

（4）现场签证管理。现场签证必须必须按照审批程序与权限按有关流程执行，应遵守提前报批，发生当时确认的原则。工程签证的时限执行相关规定。应努力减少现场签证，争取零签证。现场签证，签证内容必须与实际一致，有图片或视频证据，原因、过程、结果描述清楚。做到谁负责，谁签字，即时发生，即时签证，不得他人代签或过时补签，至少2人以上复核等，签证符合相关审计规定。

（5）设计变更管理。设计变更是指设计部门对原施工图纸和设计文件中所表达的设计标准状态的改变和修改。所有的涉及施工图纸的变更、完善、优化等的设计变更，要求做到早发现、早变更，认真细致地做好施工图纸会审，减少设计变更，减少返工浪费。如确需进行设计变更，必须经业主、设计、监理等各方书面签字确认，按程序办理正式变更手续，出具设计变更文件，方可进行变更，并按规定履行签批手续。承包商不得随意提出设计变更。单项工程的设计变更以及现场签证累计增加费用应控制在建安工程总造价的2.5%以内。

第五，营销阶段的成本控制。营销阶段涉及成本控制工作主要体现在对项目销售过程中涉及广告费、推广费等进行控制，核心关键工作在于制定科学的营销策划方案，确保能够以有限的营销投入获得较大的产出，为营销成本控制提供良好的支持。

第六，进行有效的动态成本管理。动态成本能够将房地产开发项目实施过程中产生的预期成本集中的反映出来，并且可以集中凸显目标成本以及动态成本之间的差异性特征，为目标成本控

制工作的优化开展提供相应的支持。一般情况下,在实施目标成本控制的过程中要突出多方面的原则,即将合同管理作为中心、主抓三条线("动态成本""实际发生成本""实付成本")、建立成本分析预警机制、充分应用信息化手段等。以信息化手段的应用为例进行具体的解析,即由于动态成本的构成具有复杂性和系统性的特点,所以在组织开展成本管理工作的过程中,为了能够全面掌握实施动态成本方面涉及相关数据信息,促进成本核算和控制目标的实现,就应该采用信息化手段促进房地产开发项目成本管理水平的提升,进而全面掌握目标成本和动态成本的差异,为科学成本控制措施的制定提供有效的支持。

参考文献

[1] 侯龙文.房地产·建筑设计成本优化管理[M].北京：中国建材工业出版社，2016.

[2] 侯龙文，邓明政.房地产·建筑精细化成本管理.北京：中国建材工业出版社，2018.

[3] 佘源鹏.房地产公司成本管理控制宝典：成本预算、控制、核算与评估分析管理工作指南[M].北京：化学工业出版社，2015.

[4] 朱德义.房地产财务核算与成本控制：图解版[M].广州：广东经济出版社，2018.

[5] 葛军.房地产开发成本控制及管理[J].住宅与房地产，2018(21)：16.

[6] 何昌容.房地产企业成本管理现状与控制对策探讨[J].现代经济信息，2018(09)：201+203.

[7] 康立华.房地产企业成本管理的问题分析与对策研究[J].时代经贸，2018(18)：37-38.

[8] 李大年.房地产企业成本控制的现实困难与优化路径[J].中小企业管理与科技(上旬刊)，2018(09)：21-22.

[9] 李丹丹.价值链视角下的GTR房地产企业成本控制与优化[J].纳税，2018，12(22)：200.

[10] 李静.中小房地产企业成本控制存在的问题及对策探析[J].纳税，2018，12(24)：187-188+192.

[11] 李瑞华. 房地产企业开发项目成本控制的探讨 [J]. 会计师, 2018(16): 44-45.

[12] 李少春. 房地产企业财务成本管理问题及对策 [J]. 中国民商, 2018(06): 205.

[13] 廖晓琳. 房地产成本管理突出问题及对策分析 [J]. 全国流通经济, 2018(18): 68-69.

[14] 林伟都. 房地产设计管理阶段的成本控制 [J]. 住宅与房地产, 2018(21): 21.

[15] 刘虹. 房地产企业成本管理中的问题与对策研究 [J]. 大众投资指南, 2018(15): 143+145.

[16] 刘敏. 房地产企业成本管理中的问题与对策 [J]. 中国民商, 2018(05): 83+126.

[17] 娄宇. 房地产成本控制的突出问题及其精细化管理路径 [J]. 全国流通经济, 2018(22): 77-78.

[18] 卢林. 目标成本管理法在滨河新天地房地产项目中的应用 [D]. 太原理工大学, 2018.

[19] 马英. 房地产企业全过程造价管理与成本控制 [J]. 居业, 2018(07): 90-91.

[20] 孟慧姬. 房地产企业加强财务成本管理的路径分析 [J]. 企业改革与管理, 2018(12): 152+154.

[21] 苗学凤. 试析房地产开发项目的全过程成本控制 [J]. 全国流通经济, 2018(24): 61-62.

[22] 沈振桓. 房地产开发成本控制策略分析 [J]. 科技经济导刊, 2018, 26(20): 222+212.

[23] 孙志阳, 齐梅. 房地产企业项目成本控制研究 [J]. 财

会通讯, 2018(26): 91-95.

[24] 汤玲.浅析房地产开发项目融资成本管理控制[J].现代国企研究, 2018(10): 45.

[25] 唐素斌.浅析房地产项目成本管理的重要性[J].山西建筑, 2018, 44(15): 213-214.

[26] 唐月晴.房地产开发项目环境成本分析与控制[J].城市住宅, 2018, 25(07): 85-87.

[27] 汪博, 张汗青.浅谈房地产成本管理管控重点[J].四川水泥, 2018(08): 199.

[28] 汪海龙.房地产开发项目的成本管理[J].住宅与房地产, 2018(16): 27-28.

[29] 王建.房地产全过程成本管理方法研究[J].商业经济, 2018(10): 30-31.

[30] 王龙.BIM在房地产成本管理中的应用研究[J].工程经济, 2018, 28(07): 22-24.

[31] 魏欢.房地产企业经济成本管理探析[J].经贸实践, 2018(10): 204-205.

[32] 吴粤文.房地产项目全成本管理研究[D].首都经济贸易大学, 2018.

[33] 肖明霞.新形势下房地产成本控制与管理新思考[J].中小企业管理与科技(上旬刊), 2018(08): 30-31.

[34] 徐小苗.浅谈房地产企业成本管理[J].新会计, 2018(08): 45-46.

[35] 叶桂芬.房地产企业成本控制管理研究[J].会计师, 2018(14): 36-37.

[36] 张乾波.浅析房地产开发企业成本控制与管理[J].智富时代,2018(05):82.

[37] 张馨.基于全面预算管理的房地产成本控制能力提升策略[J].企业改革与管理,2018(17):166-167.

[38] 张亚卫.房地产企业财务成本管理中存在的问题及管控措施[J].纳税,2018(19):81.

[39] 张招华.房地产企业目标成本管理研究[J].建材与装饰,2018(26):163-164.

[40] 周铁军.房地产开发项目成本控制存在的主要问题及改进建议[J].居舍,2018(19):230+252.